『十三五』國家重點圖書出版規劃項目
2011—2020 年國家古籍整理出版規劃項目
2020 年度國家出版基金資助項目
國家社會科學基金重大項目『國家圖書館藏未刊稿整理與研究』（13&ZD107）

國家出版基金項目
NATIONAL PUBLICATION FOUNDATION

國家圖書館藏未刊稿叢書·著作編

經義考異

（清）方邁 著

主編 劉玉才 陳紅彥

鳳凰出版社

圖書在版編目（CIP）數據

經義考異 /（清）方邁著. — 南京：鳳凰出版社，2021.8
（國家圖書館藏未刊稿叢書 / 劉玉才，陳紅彦主編. 著作編）
ISBN 978-7-5506-3349-0

Ⅰ. ①經…　Ⅱ. ①方…　Ⅲ. ①經學—研究—中國—清代　Ⅳ. ①Z126.274.9

中國版本圖書館CIP數據核字（2020）第261643號

書　　名　經義考異
著　　者　（清）方　邁
責任編輯　王　劍　姜　嵩
裝幀設計　姜　嵩
出版發行　鳳凰出版社（原江蘇古籍出版社）
　　　　　發行部電話025-83223462
出版社地址　江蘇省南京市中央路165號，郵編：210009
出版社網址　http://www.fhcbs.com
照　　排　南京新華豐製版有限公司
印　　刷　南京新世紀聯盟印務有限公司
　　　　　江蘇省南京市建鄴區南湖路27號春曉大厦5樓，郵編：210017
開　　本　718毫米×1005毫米　1/16
印　　張　29.25
版　　次　2021年8月第1版
印　　次　2021年8月第1次印刷
標準書號　ISBN 978-7-5506-3349-0
定　　價　420.00圓

《國家圖書館藏未刊稿叢書》編委會

主　編

劉玉才　陳紅彦

分主編

樊長遠　陳紅彦（日記編）

董馥榮　謝冬榮（書札編）

盧芳玉（金石題跋編）

田曉春（題贊手卷編）

孫　俊　林世田（中法漢學研究所編）

張學謙　王宣標（著作編）

委　員（以姓氏筆畫爲序）

王　劍　王宣標　卞惠興　田曉春　白謙慎　林世田

姜小青　陳紅彦　孫　俊　張學謙　董馥榮　樊長遠

劉玉才　薛龍春　盧芳玉　謝冬榮

序

中國國家圖書館以庋藏中國古籍善本宏富著稱，其中宋元舊槧、珍稀印本，向爲學界推重，頗獲利用。相較之下，約佔館藏善本總量三分之一的寫本類文獻，利用還遠遠不够，堪稱有待發掘的文獻寶藏。國圖藏寫本文獻以著作稿抄本爲主，兼及日記、書札、題跋、校語、文書檔案等類文字形式，因多爲唯一傳本，故有別於刊印文獻，具有獨特的文物、藝術和文獻價值。根據館方專家調查，〔一〕館藏宋元抄本即有十五部，明抄本則多達一千二百四十六部，其中一百七十餘部爲内府所抄。如宋仁宗親撰《洪範政鑒》，僅此一部内府抄本秘藏宫内，從無刊刻傳抄，彌足珍貴。明嘉靖間《永樂大典》抄本，世存殘卷亦以國圖收藏最夥。許多早期抄本與原本成書年代接近，而原本或有亡佚殘缺情形，抄本遂具有無可替代的校勘與輯佚價值。國圖所藏明清抄本中，著名學者、藏家抄本佔有相當比例，許多是影抄宋元舊本和珍稀本，僅毛晉汲古閣影抄本即有近八十部。在清抄本五千餘部中，還包括有盧文弨、鮑廷博、吴騫、翁方綱、陳鱣、黄丕烈、焦循、管庭芬、楊守敬、王國維等名家手稿本。著作類稿抄本之外，國家圖書館還藏有明清以至民國一百五十餘家日記稿抄本，三四百種書札文獻，數

〔一〕陳紅彦《國家圖書館藏抄本述略》，《國家圖書館學刊》，2016年第4期。

千款金石題跋，以及數量不菲的圖卷題詠、批校文字、文書檔案等類寫本文獻。上述寫本文獻，除部分著作抄本之外，大多未經刊行，均可歸爲未刊稿之列。

寫本文獻存量稀罕，往往具有孤本性質，加之多數未經整理，字迹辨識不易，閱覽亦不方便，這都成爲限制其發掘利用的重要原因。有鑒於此，我們組織國家圖書館古籍館與北京大學中文系合作的學術團隊，在對館藏寫本文獻全面調查的基礎上，首先選擇具有重要學術價值、讀者利用不便的未刊文獻，予以整理刊布。並在國家社科基金申請設立『國家圖書館藏未刊稿整理研究』重大課題，以保證整理研究工作的實施。經過課題組同人的共同努力，陸續完成部分階段性成果，今擬分作日記、書札、金石題跋、題贊手卷、中法漢學研究所、著作諸編，依次予以刊布。

《日記編》整理收録顔懋价、葉鈞、張廷濟、何紹基、趙宗建、黄彭年、江標七位清人未刊稿本日記。其中如黄彭年、江標，不僅參與過重大政治活動，在學術領域亦有較高成就，屬於政學兼通的重要歷史人物。黄彭年《黄陶樓先生日記》、江標《笘誃日記》，所載均長達數十年，可稱一生行迹的詳盡記録，涉及朝章典故、交遊見聞、日常讀書生活等諸多内容，極其豐富。張廷濟《張叔未日記》、顔懋价《顔脩來日記》、葉鈞《壺中日記》、何紹基《東洲草堂日記》，雖然記述時間不長，但是内容各有所長，據之不僅可以考察日記主人的生平交遊，還可豐富清代學術史的場景。晚清藏書家趙宗建的《舊山樓日記》《非昔居士日記》《庚子非昔日記》，内容跨越清同治元年（1862）至光緒二十一年（1895）共三十多年的時間，記録了趙氏的日常生活、藏書收購及與衆多友人交遊情形，還有對圍剿太平軍的見聞記述，頗能反映江南地方士人的生活與眼界。

《書札編》從館藏各類書札文獻中選取黄彭年、趙宗建、張蔭桓、袁昶、王懿榮、吴重憙、繆荃孫、葉德輝等十餘家往還書札，予以整理刊布。因所涉人物都是晚清、民國間重要官員和學術文化界名流，書札内容豐富，且未經前人揭示，具有無可替代的文獻價值。如《黄子壽先生遺札》收録清光緒年間黄彭年在江蘇布政使任内與按察使朱之榛之間往來信件六十七通，涉及漕運與海運之流弊、來蘇流民之安置、正誼書院並藏書樓之籌建等諸多政務。黄彭年著述宏富，但大多未經刊布，本課題同時整理其日記、書札，預期將會推動學界對黄氏的深入研究。《趙宗建友朋書札》收録趙宗建光緒年間所撰詩歌、隨筆、抄經、墓誌銘、祝壽帖及其友人李芝綬、季錫疇的書札共一百四十餘件，不僅内容豐富，還可與《日記編》所收趙氏三種日記互相參照，促進學界對這位重要藏書家的全面研究。《袁昶友朋書札》收録劉履芬、丁丙、馮煦、孫詒讓、楊守敬、沈曾植、戴望、張謇、李文田、孫衣言、張鳴珂、張之洞、陸潤庠、王頌蔚、王懿榮、翁同龢等人信札二百餘通，袁昶親自整理粘貼爲十二巨册，涉及歷史人物衆多，堪稱是晚清學者的群體資料。《王懿榮往還書札》收録王懿榮與師友、親屬往還書札數百通，基本可以反映其後半生的主要經歷與交遊關係。王懿榮光緒年間授翰林院編修，三任國子監祭酒，博覽書史，精於鑒藏，與當世金石學者來往密切。書札所涉人物包括潘祖蔭、陳介祺、繆荃孫、吴大澂、盛昱、汪鳴鑾、孫汝梅、黄紹箕、吴重憙諸名流，以及女兒女婿等家人。書札内容多爲討論金石碑拓釋讀、古籍收藏、科舉學問，以及時務政治、爲人處世、家務瑣事，據之可以考察同光時期精英士大夫鑒藏金石之風尚，以及業餘生活趣味的豐富細節。《藝風堂同人尺牘》是晚清著名學者繆荃孫的友朋書札稿本集，收録惲祖翼、繆朝荃、劉炳照、吴慶坻、陳慶年等人致繆荃孫書札一百餘通。書札的撰寫時間多在光緒時期，内容比較廣泛，除家常瑣事之外，還涉及刻書、詩詞交往、方志編纂等方面，是研究繆荃孫學術交遊、晚清政治與文化教育的重要資料。葉德輝致松崎鶴雄書札（《郎園手札》）是著名學者葉德輝 1910 年至 1920 年間致日本學者松崎鶴雄的書信，涉及研治經學、小學等多方面内容，可稱現代中日學術交流史的重要文獻。

《書札編》收録書札出自名家之手，書法用箋考究，文獻價值之外，兼具有藝術觀賞價值，故採取録文整理與選擇影印結合的方式予以刊布。此外，我們還特邀白謙慎先生、薛龍春先生精選館藏十餘種名家尺牘，製作法書字帖，集爲《國家圖書館藏清代名家尺牘法書選刊》，以饗書法愛好者。

國圖收藏金石拓本豐富，題跋數量衆多。如宋元合璧拓本《廣政石經》即有名家題跋、批校百餘款，宋拓《嘉祐石經》亦有吴昌碩、丁晏、葉昌熾、沈曾植、羅振玉、陳寶琛、楊守敬、曹元忠、繆荃孫、柯劭忞等多人題跋和批校。《金石題跋編》甄選館藏金石題跋七十餘種，以拓本爲單位，撰寫提要，著録題名、拓本、裝幀、行款、書體、責任者、遞藏源流等項信息，並對題跋文字進行輯録整理，可爲金石證史、拓本源流研究、金石學者交遊研究提供全新的資料。

《題贊手卷編》率先刊布長達十六餘米的《明渤海孫氏積善堂題贊手卷》，該手卷是河北滄州孫楷第家族世守之寶，彙集明代前期朝廷重臣、翰苑侍從、書法名家四十三人的題贊墨迹，爲明代文化史、文學史、書法史研究的重要實物與文獻。諸家題贊，書法風格各異，可稱難得的藝術珍品。其中如明代第一大和尚姚廣孝的題贊，可能是其唯一的傳世手迹；而明初賢相『三楊』（楊士奇、楊榮、楊溥）和書法大家『二沈』（沈粲、沈度）的墨迹傳世甚罕，手卷所存可謂吉光片羽，彌足珍貴。此次刊布改卷裝爲經折裝，採用原版影印與題贊釋文相結合的整理方式，前半部分展示手卷原貌，後半部分爲題贊釋文、印章釋讀及題贊者小傳，既能滿足學術界對此珍貴文獻的研究需求，又可據之勾勒明初京師文化圈的面貌。

中法漢學研究所是法國中法教育基金委員會 1941 年在北京資助成立的漢學研究機構，設有民俗學組、語言歷史組、通檢組、圖書館、法文研究班等部門，開展文獻搜集整理和研究、翻譯工作。該研究所 1953 年撤離中國時，部分申請出關的圖書資料被中國政府徵購或没收，輾轉存藏於國家圖書館。《中法漢學研究所編》對其中曾毅公《五十年來之甲骨學》、陸翔《敦煌學著述考》、傅惜華《漢代畫像全集》三編、徐宗元《古今本竹書紀年合校》、柯昌泗《漢晉石刻略録》、羅常培《蒙古字韻跋》、魏建功《完全本王仁昫刊謬補缺切韻初次的討論》等未刊論著稿本以及神禡相關資料，進行整理研究，以求揭示這批珍貴稿本資料的學術價值，豐富敦煌學、甲骨學、民俗學等專題學術史，爲深入瞭解中法漢學研究所的學術活動，探究現代漢學研究史，提供文獻幫助。

著作稿抄本在國圖館藏寫本文獻中數量居多，近年頗有影印出版，加之閲覽方便，已漸爲學界所關注，因此未列爲本課題重點對象。不過考慮到有些著作稿抄本學術價值很高，甚至關涉重要學術論争，有必要予以刊布揭示，更便利學界研究，我們選擇方邁、王鳴盛、周廣業、孔廣栻、吴騫、王念孫、王引之、姚文田、李鋭、李文田等清代學者稿抄本予以影印，并分别撰寫研究解題。其中如李鋭《周易注疏校勘記》殘稿，是阮元主持纂修《十三經注疏校勘記》的重要文獻見證，有助於釐清當年校勘工作的緣起與修訂過程。《經義述聞》涉及王念孫、王引之父子著作權的争議，是清學研究界關注的熱門問題。爲便於展開深入研究，我們將國圖館藏《經義述聞》初刻、二刻、三刻所據稿本及《校書録》稿本合併影印。其餘諸家稿抄本，亦精彩紛呈，各有可觀。

以上未刊文獻，雖然形式有别，但是日記、書札、題跋及著作稿抄本内容多有關聯，甚至可以相互印證，子課題實際都是總課題的有機組成部分。我們希望通過對這批未刊文獻的發掘整理，爲學界提供第一手的資料，以推動明清以至近現代學術史研究的深入。在整理過程中，根據文獻樣式的不同，我們分别採取釋讀、點校、輯録、影印、解題、小傳等整理研究形式，以期最大限度地發揮未刊文獻的功用。因爲未刊文獻的隨意書寫特性，文字辨識、内容整理難度很高，整理成果想必仍有不少訛誤，期待學界同人不吝指正。此項整理研究工作得到國家圖書館古籍館、北京大學中文系的大力支持，浙江大學文化遺産研究院白謙慎先生、薛龍春教授在文字釋讀方面給予無私的幫助，鳳凰出版社慨允出版，謹表衷心感謝。

北京大學中文系、中國古文獻研究中心　劉玉才

二〇一八年五月

目録

方邁，字子向，一字日斯，福州閩縣人。康熙三十二年（1693）進士，官浙江杭州府蕭山縣、金華府蘭溪縣知縣，以傲事長官而罷免。[一]方邁著述宏富，刊本鮮見，目前僅中國國家圖書館藏清康熙間方氏即石倉刊本《和杜哀吟》一卷存世，清人黄世發《經義考異跋》稱：『所著有《九經衍義》已版行』，惜未之見。方氏著述稿本如《經義考異》七卷《雜考》一卷、《方日斯先生文稿》二卷、《方日斯先生詩稿》不分卷，今均皮藏中國國家圖書館，其中《方日斯先生文稿》二卷、《方日斯先生詩稿》不分卷，已收入陳紅彦等主編《清代詩文集珍本叢刊》（國家圖書館出版社，2017年，第204—206册）。

依據方氏諸稿本所見簽章及題跋，其遞藏源流不乏脈絡可尋。方氏諸稿本初歸清福建泉州府晉江縣黄世發（字耦賓）收藏，《經義考異》《方日斯先生文稿》《方日斯先生詩稿》卷内均有『黄世發印』白文方印、『耦賓』朱文方印。《經義考異》卷首又有『壬寅十一月初三日，閱肆得此七卷，知爲余祖舅氏方日斯先生著』，『壬寅』乃道光二十二年（1842），則黄氏始獲此稿時在道光二十二年。繼經福州府侯官縣楊浚（字雪滄）收藏，《經義考異》《方日斯先生文稿》《方日斯先生詩稿》卷内均有『雪滄所得』朱文方印、『侯官楊浚』白文方印、『内史之章』朱文方印，書衣均題『辛酉九月，雪滄得』。可見，方氏諸稿本歸楊浚收藏，時在咸豐十一年（1861）辛酉九月。後歸天津李氏延古堂收藏，《經義考異》卷内有『延古堂李氏珍藏』白文長方印。最後由北京圖書館（今中國國家圖書館）皮藏。

〔一〕〔清〕陳壽祺《東越儒林後傳》卷一《方邁傳》，《左海全集》本，清嘉慶間三山陳氏刊本，頁12a。錢林輯《文獻徵存録》卷三，咸豐八年有嘉樹軒刊本，頁1a。

方氏諸稿本似均録有正副本，《方日斯先生文稿》書衣題稱『二本』，今僅存一本；《方日斯先生詩稿》書衣題作『副本』，并稱『正副共二本』，惜正本今已不存。所幸《經義考異》正副本今均存藏中國國家圖書館，比覈其文，《經義述聞》副本乃方氏原稿本，正本更近於謄清本。

據陳壽祺《東越儒林後傳》及《文獻徵存録》方邁本傳所記，方氏著述又有《四書講義》六卷、《春秋補傳》十二卷、《古今通韻輯要》六卷、《考證資治通鑒長編》十八卷、《呂晚村駁義》一卷、《五燈摘繆》一卷等。[一]《經義考異》書末所附跋文載著作又有《先聖諸賢事跡考》數卷，『取漢唐以來并近代諸儒之説而折衷之，旁引曲證，糾舛訂譌』，[二]今亦未聞存世。《古今通韻輯要》乃本諸毛奇齡《古今通韻》而作，《古今通韻輯要自序》尚存於《方日斯先生文稿》中，未

[一][清]陳壽祺《東越儒林後傳》卷一《方邁傳》，頁23b。錢林輯《文獻徵存録》卷三《方邁》，頁25a—25b。

[二]案：此跋文署名脱去，今不易考之。

知書稿飄零何所。《四書講義》《九經衍義》今雖不存，而據《方日斯先生文稿》所存序文，略見《四書講義》更近於應試舉業之作，《九經衍義》析爲修身、尊賢、親親、敬大臣、體群臣、子庶民、來百工、柔遠人、懷諸侯等九目，而於經義鮮見發明。方氏發明經義之作，或當以《經義考異》爲主。

《經義考異》因以稿抄本行世，學者獲觀不易。徐世昌等《清儒學案》據陳壽祺《東越儒林後傳·方邁傳》録文，并疑《東越儒林後傳》所録方邁論經義之辭，源出《經義考異》。[三]今比覈之，方知《清儒學案》之説不虛。而陳壽祺《東越儒林傳》稿本成於道光元年，[四]以此推之，陳壽祺或爲清儒中較早獲閱《經義考異》手稿者。

陳壽祺《東越儒林後傳·方邁傳》云：『邁他所駁摘，咸有據依，然獨不信《儀禮》《周禮》，以爲互校三《禮》，

[三]徐世昌等編《清儒學案》卷二六《西河學案下·方先生邁》，中華書局，2008年，頁1049。

[四]吳守禮《陳恭甫先生父子年譜坿箸述考略》，《臺北帝國大學文政學部文學科研究年報》1937年第3輯。

彼此舛異，先後矛盾，非周人之禮，蓋戰國人所爲，倚附七十子之徒以傳於世。其持論類吕坤之《四禮疑問》，通人以是病之。』〔一〕而陳氏所言，特就《經義考異》而發，結合《經義考異》稿本及陳壽祺眉批，不乏明文可證，兹列表如左：

《經義考異》	陳壽祺眉批
三《禮》皆漢儒各以其所聞，纂集成書，其雜出各異多矣，恐未必盡由誤脱也。（卷六）	以三《禮》皆漢儒所纂輯，此言過矣。
自漢儒分爲斬衰、齊衰二服，遂至厚父薄母，禮制紛紛不同矣。（卷七）	齊、斬之别，載在《禮經》，《禮經》乃周之遺文，何可屬漢儒？
古喪只有齊衰，無斬衰。……後儒誤解，增爲父斬衰之服，遂自漢至今遵之不改。（卷七）	此條亦繆，方氏不信《儀禮》，故有此言。
究之三《禮》，不過漢儒各以所聞，纂集成書，故以三《禮》互校對，或彼此同異，謬記不一，或先後矛盾，舛錯不倫，以致後人議禮之家，紛如聚訟，傳授承誤，各持所見，必欲左此而右彼，别其孰爲經，孰爲傳，正未可輕爲論定也。（卷七）	繆説

〔一〕［清］陳壽祺《東越儒林後傳》卷一《方邁傳》，頁23a—23b。

《經義考異》	陳壽祺眉批
至王柏欲彌縫朱氏，乃以爲今之三百篇，非盡夫子之三百篇，必秦火之餘，漢儒以世俗所流傳者，取以足夫子三百之數……毛氏雖出稍後，然溯其源流，得之卜子夏，亦未嘗于三百五篇之外，有一或差。而乃謂漢儒取世俗流傳以足其數，則豈有諸家之文，不謀而合若是哉？	方氏駁正王氏（案：王柏）疑三百篇非孔子之舊之説甚正，乃於《儀禮》一經反蹈王氏之失，何也？明於此而暗于彼，殆不可解。（《雜考》）

據此表，可知方邁疑三《禮》爲漢儒所纂集，并以古無斬衰，斬衰、齊衰之分，始於漢儒，深爲陳壽祺所駁議。方氏三《禮》爲漢儒纂集説以及古無斬衰説，誠屬過論，而陳壽祺固守『《禮經》乃周之遺文』，或不免偏於拘泥。

方邁之疑經之風，或與其治學風格相關。方邁與清初儒林不乏學術上的切磋，其中毛奇齡尤爲重要。黄世發《方日斯先生文稿跋》稱：『嘗任蕭山縣，與毛太史奇齡以經義相問難，太史《經問》多有其名，又嘗爲其父作傳，傳稿今藏余家。』陳壽祺《東越儒林後傳》及《文獻徵存録》方邁本傳，均載『在蕭山與檢討毛奇齡往復問難，説經破析疑滯，多前人所未發』。[一]《方日斯先生文稿》收録康熙四十四年方邁《與毛西河書》云：『日者待罪蕭邑，得望見顔色。光霽之依，未嘗去懷』，[二]可證黄世發、陳壽祺等人所言不虚。案諸《蕭山縣志稿·官師表》，知方邁官任蕭山縣知縣，時在康熙三十八

[一]［清］陳壽祺《東越儒林後傳》卷一《方邁傳》，《左海全集》本，頁12a。錢林輯《文獻徵存録》卷三，頁11a。

[二]案：此札撰年，今據《與毛西河書》末附毛奇齡覆札『今八十有三歲，目盲足蹩』云云推知。

《經義考異》多所匡正前人之失，不失精覈。如《周易·乾卦》『九三，君子終日乾乾，夕愓若，厲无咎』，而漢儒多以『夕愓若厲』爲句，《經義考異》卷一《周易》則持『夕愓若，厲无咎』之説。而方氏立説審慎之風，或與明儒楊慎相關。《周禮·地官·大司徒》：『里宰以歲時合耦于鋤』，鄭玄注：『鋤者，里宰治處，若今街彈之室。』方邁《經義考異》卷六云：『趙明誠《金石録》有跋昆陽城中漢街彈碑，蓋周名鋤，漢名街彈之室，即今申明亭也。』陳壽祺眉批云：『此解在惠氏《九經古義》之先。』而此説楊慎《升菴集》卷六七『申明亭』條已發之。方邁援據楊慎《升菴集》條目，《經義考異》不乏例證。如《經義考異》卷六載：『天子曰辟雍，諸侯曰頖宮。明楊慎引諸家之説，力闢其非學名，以爲此出自漢儒之説。』而楊慎之説源出《升菴集》卷四二『辟雍頖宮』條。又如《經義考異》卷七載『苦菜秀，楊慎引《神農本草》』云云，見於《升菴集》卷七九『苦菜』條，《經義考異》卷七又載『靡草死，楊慎引《呂氏春秋》』云云，本年，[一]則毛奇齡、方邁研討經義，當在此年。

方邁《經義考異》卷三《毛詩》曾議朱子所釋《毛詩·商頌·殷武》『奮伐荆楚』爲『伐鬼方』，鄭樵《通志》反曲護此説，實屬『宋儒武斷之弊，可爲笑話』。方氏詆斥宋儒之説，略見其求實精神，而《經義考異》卷三《毛詩》稱：『近代西河解《詩》，則闢朱子，解書則闢蔡沈，然終當以朱子《詩傳》之言爲是，蓋讀書論世若是之難也。』又見方氏維護宋儒舊説之鮮明立場。方邁立説，折衷漢宋，《經義考異》卷六《三禮》云：『宋人説經，病在無據。漢人説經，病在事事必求有據，而究之據非所據，反流于繁碎而無當，過猶不及。二者交譏，未可攻宋而右漢也。』其漢宋兼采之取徑，正爲清初學風之重要代表。

[一] 張宗海等修，楊士龍等纂《蕭山縣志稿》卷一二上《官師表》，民國二十四年鉛印本，頁18a。

於《升菴集》卷七九『靡草』條。獨引《金石録》以證《周禮·地官·大司徒》鄭注，反片言不及楊慎，頗可稱怪。而由此例，可見方邁治學風格或受楊慎之啓發。

在漢宋兼采學風中，《經義考異》雖已涉及句讀、文字等方面訓解，不過零星數語，所論難稱深入，較之顧炎武諸作，不免遜色，比之高郵王氏父子《經義述聞》，難以望其項背，而《經義考異》所釋名物，堪稱其創獲。

《毛詩·魏風》所言碩鼠，《經義考異》卷三云：『碩鼠狀如兔，色白，嗜食芭蕉、藋葉，四十日一胎，産一日即受孕，雌多黑褐色而小，南方所在常有此物，頗關理亂，以少爲貴，《魏風》所憂，不僅以比貪殘之政已也。』頗爲生動形象。又如《毛詩·陳風·墓門》『邛有旨鷊』，《經義考異》卷三云：『旨鷊，一名綬鳥，其綬藏于咽下小囊，每吐之，爛然文錦以自娱。粤中有真珠雞，體有珠點文，能反哺，亦曰孝鷊，每春夏天晴氣爽，則鼓翅而舞，口中微出舞如錦綺，長數寸，漸長覆胸，燦然炫目，頃之漸收入喉中，剖之無所有也。大如鸜鴿，頭頬似雉，有錦囊在臆前，大如斗許，具五色，一名錦帶功曹，一名吐綬，亦曰綬雞，能辟火災，是鳥之有綬者，即名鷊，故草之綬者，遂加草爲虉也。』方邁以其平素觀察以釋《毛詩》名物，不失求實之風，而如此治學取徑，正代表此後乾嘉學術之主流風氣。

趙永磊

周易一卷　尚書一卷

毛詩二卷

副本　辛酉九月

雲溪月

方日斯先生經義考異卷一至卷四

壬寅十一月初三日閲肆得此七卷知為余
祖舅氏方日斯先生著 先生嘗為蕭山令與毛西河檢討
商略經義所著有九經衍義已版行此其家藏者印
證具有根原誠非苟作因為收入篆籤齋中不特為
先代渭陽也

世[illegible]識

經義考異卷一

周易

元亨之元。聖人于他卦皆訓大。獨于乾元一則曰萬物資始。再則曰始而亨。三則曰乾始能以美利利天下。則是乾元之元。其獨為訓始也。明甚。蓋因德惟乾可備。故不得云大亨而利於貞也。聖人已自解之矣。可必代為聖人解耶。

夕惕若厲。漢儒多以此為句。然或斷章取義之文。不得執為定解也。當以夕惕若為句。厲字為句。下文兩言雖危無咎。則亦聖人自讀而自解之。不得以漢人讀本便忘聖人之言也。

大哉乾元萬物資始乃統天言元之統天也雲行雨施天之亨也品物流形天之利貞也大明終始聖人觀于天道之終則有始故乘時體元以御天乾道即元也變化者元之亨各正性命乃利而保合太和者貞也此聖人所以首出庶物而萬國咸寧也天道人道既落分明若一天一人間雜成文不特于義不合即文亦不順矣、

不易乎世不成乎名者初爻變陰則為始可以遇世矣變陰則為巽聲而成名矣今俱不變故曰不易不成、

雲從龍風從虎上卦坎泣坎為雲龍者乾也五為乾中再索得

男故曰從龍風自巽也坤為虎乾一索于坤則為巽故曰風從
虎本天親上利見五之大人也本地親下利見二之大人也一六
虎為大虫凡風主虫〻風族虎乃風族之大者故虎之來必有
風其聲飈疾山行者聞風警有巽則知有虎蓋虎在地上行甚
緩遇林木則其行如風〻見若風行非虎行故曰風從虎〻得風
其威乃生風者虎之羽翼也

坤元亨利牝馬之貞贊坤也君子有攸往言體坤之君子也象
彖傳曰柔順利貞君子攸行則此句宜連上不是起下蓋言君子
之有攸行當如坤之牝馬之貞是何也則以先迷而後得之

之故也、

○乾之動直而坤亦曰直乾德大生而坤亦曰大乾中正而坤亦曰方此坤之所以合德于乾也凡順者多失之委曲逢迎自甘卑小曰直方大此其所以為坤之順也、

●女子而貞則不字固其宜也乃十年而忽字此非常之事故曰反常無夫之女忽然而育可怪孰甚焉、

震為鹿反之則艮〻為人虞之象也今一爻難為兩用三固震之三也此即鹿矣既以之順而為震即倒之不成艮矣是無虞也、

○屯九五為坎體閡下之源膏之象也乃又為互艮之剛則止而不流故有屯其膏之象、

○瀆蒙也不曰蒙瀆而曰瀆蒙言瀆者之為蒙也石子曰王覲為可同一倒裝文法、

蒙之六三為互坤之始女之象也乃以其麴然三也遂有取女之想然而勿用也不見夫為之應者乃金夫耶艮為少男允之夫也故曰金夫夫金夫在上是已之躬且不得有而于取女何所利乎甚矣其行之不順也謟他人夫而妄思取女其為蒙之孰甚焉、

○需之利涉大川險在外也訟之不利涉大川險在內也世路之險阻可以忠信消人心之不測波瀾反覆有甚于川者安而稔之過涉之所以滅頂也

舊德不可忘而食之負心之事不可為也故雖正亦厲惟能消終則吉如或從王事又當以無成為吉所謂從上吉也王事訟事也无成即訟不可成之成所謂終凶者也訟以終為凶舊德以終為吉

○坎為雲為雨小畜上半坎下半坎其雲密矣然皆不成坎故不雨二四互兌〻為西西郊之象此皆本卦自有無待于推也小

過六五則以卦成大坎而上亦只得半坎故曰密雲不雨已上
也蓋以上半坎而言則猶然不成坎也
○坎為輪坤為輿四之陰坤也三承之如輻之于輿然〻坎不成
坎亦坤不成坤如輿之既輻不成輿矣三四入道一陰一陽夫
妻之象離為目分離之半以對巽之白眼反目之象也
○上卦坎位上爻坎之陰也以半坎之卦而填以坎陰則成坎矣
向之不雨者今既雨矣坎為伏又當伏坎是既處也居乾之上
全有巽富故曰尚德載巽長女上已成婦坎為月以離日映之
望之象然終不成坎故曰幾〻者將望之詞也

○離為目巽為股履之六三以為離則尚少一陽是眇也然已得離中是亦能視以為巽則尚少二陽是跛也然已得巽足是亦能履々虎尾而咥人者以適當兊口也六以柔居剛在下之上故有武人為大君之象以其志剛也

○履為大離而上九與三應獨對離中目視其履以考其祥者也若以此陽旋而之三則純乾矣豈不元吉乎

○翩々自得之意不富以其鄰自足其富不與其鄰言其驕且吝也不戒以孚言其黨之謟也小人得志威福自由而趨附者衆其象如此

○否之匪人之猶于也之其所賤惡之之專向之意言其所以否者由于匪人也匪人得志則不利君子貞矣故大往小來無並立之勢也

○陽可以包陰〻不可以包陽二爲陰柔之小人以包之度籠絡君子以承之態側媚小人究之臭味相投惟小人則吉大人終否矣何也以其不亂于小人之羣也三亦包君子然剛愎無才則所包者羞而已負乘覆餗意氣揚〻以爲天下莫及也可羞孰甚焉

○卦名同人而象曰類族辨物又以不苟同爲義者何也葢君子

之于人也雖䝿之如天而其區別儔類若觀火然今觀同人六爻初于門二于宗不出其族也三則伏莽矣四則攻墉矣五則用大師矣人心戈矛世道荆棘滋〻宇宙誰可與同是不若于野之爲亨于郊之無悔也此辨之不可不早辨也故彖曰利君子貞非君子不可同矣

○大有初九无交害其初乾陽也其應離陽也明以察幾健以致决則物不能交无交斯无害矣三過剛則有害五虛中則有交惟初无交无害可以處大有而无咎故象特申之曰大有初九无交害也

謙之五六至于侵伐用師將無有損冲和之德然柔道過甚則将至于卑而可踰故非赫怒發憤不足以振積弱之氣而奮全德之光所謂裒多益寡稱物平施之義也三勞謙而萬民服則五之不服者不可以不征二鳴謙而中心得則上之志未得者不可以不用師君子之終也惟其稱而已矣

豫六二介于石不終日貞吉繫傳曰君子上交不諂下交不瀆蓋以二與上三下初同為陰類有交道焉今二居艮初艮為石初為介下不與初同其鳴上不與三同其盱而中正自持恒有不終日之懼所辨者在知止與不知止之間耳憂悔吝者存乎

介二雖坤體而介于艮故上下俱不得而引之也

○豫六五以柔乘剛居大坎體故爲疾然而得中則疾者貞疾也貞疾故恒不死若其不貞則死矣離之九四是也惟其不中故也

○豫上六居大坎之終坎爲心病冥之象也艮爲成今倒艮爲震則成者有變矣艮渝爲震成渝爲動震動之下冥者將不冥矣故无咎

隨六二爲震中實艮足也爲艮之足則不得復爲震之中故曰係小子失丈夫六三艮中實震末也爲震之末則不得復爲艮

之中故曰係、夫失小子然三又兼巽末故曰隨有求得巽為
近市利也象曰志舍下居下之陽震也
○九四以利隨人則雖正亦凶以道相孚則明而無咎一得一失
昭然自見四五巽體故有獲兼大離故明也
○蠱自初至五皆稱父獨二稱母者唐鶴徵以為對五柔而言也
毛氏以為二與初爻一陰一陽同才共道則不在應而在比然
三與四亦一陰一陽同才共道又皆稱父何也
○不事王侯若無事矣然而高尚即其事也不事者蠱也其事旨
亦蠱也以不事為事郎以蠱為幹蠱君子蓋重有取于其志云

爾
臨象君子以教思无窮法麗澤之无也容保民无疆法厚載之
坤也
觀卦坤為地為槃有盥之象巽為茅可以縮酌亦為盥象然茅
又可以藉薦似兼乎薦乃坤内巽外而巽一物難以兩用故為
盥而不薦之象
觀我生進退本義以生為行固非典要毛氏據説文以生為進
作薦字解亦屬牽合京王諸家各有異義然而夫子已自解之
曰觀我生觀民也則虞氏易以生為生民當亦竊取夫子之意

以立言其説較為近理○

○賁柔來而文剛分剛上而文柔即泰二上互易而其義已備蓋上柔無剛下剛無柔故柔來則文剛〻來則文〻柔也若既濟則上下剛柔俱備無待于文以損二來三為文剛則三二皆下卦也何别而以為文剛乎益以五來三為分剛上而文柔則經明云分剛上是〻分剛而上非分上之剛也且益下亦有剛無待分上之剛以文之也

○剝五近于陽雖欲剝之而勢不能故僅以宮人寵蓋以媚之者剝之也在陰不傷陽固无不利然為陽者亦危矣以孤陽而當

衆宮人鮮有不為之蠱而迷者此其所以卒至于剝盡而貫魚竟成龍戰宮人之寵竟為玄黃之血也

○碩果不食幸之〻詞亦危之〻詞以其不食故僅為剝乃既剝之而又安能不食今處此碩果者君子耶小人耶君子則方將得輿以載之小人則將并其廬而剝之廬之不存果于何有碩果乎吾知其終不免也此其所以剝盡而為坤也下坤為輿艮陽為廬若此陽亦變則純坤矣

○剝五爻剝上一爻故四爻皆言剝從下而上剝至上乃止也復止初爻復而上五爻皆言復者復之幾甚微復而不能保則反

之將至于迷，亦將至于頻，故必下仁以休復，從道以獨復，考中以敦復，而後不遠之復，乃不至于悔，而修身之功以全也。所謂反復其道者，此復之道也。

无妄六二「不耕穫，不菑畬，則利有攸往」，解者皆以不耕而穫、不菑而畬，郎本義亦同此意，則是妄也，何利之有？而不知此實象也。无妄之學，當志其大。耕穫菑畬，小人事也，致遠恐泥，誠不可以有所往，惟不耕穫、不菑畬，則利有攸往矣，故曰「未富也」，不以富厚累其心。斯妄念不生，而攸往咸宜矣。

无妄之災，无妄之疾，无妄二字宜一讀，之字頗與而字同意，謂

无妄矣不宜災也不宜疾也而有災有疾則是无妄之災无妄之疾也若一連讀下則是无妄之災无妄之疾其災與疾為不虛矣

小畜大畜下卦皆為乾二至四為伏坎乾為大車坎為輪皆有互兑為脱然大畜在二坎外也故為輹輹者車下縛木輪之外也小畜在三坎中也故為輻輻者轂中直木輪之中也老子曰三十輻共一轂

舍爾靈龜上（朶）四坤互排有如龜象初以一陽橫亘其下不與為類而自成其頤之象是舍爾之靈龜而觀我之朶頤也爾指

上四陰我指初〻陽六五陰賤今觀我朶頤則陽亦不足貴也亦〻字
對陰而言
大過九二〻初陰在二下二所乘也故曰老夫得其女妻陰在初
方少女妻象也九五上陰在五上五所承也故曰老婦得其士
夫陰在上已老〻婦象也
坎〻六三下坎已終與上坎相接下坎坎也上坎來之坎也坎而
又坎曰坎〻猶乾之三曰乾〻云爾險謂前之四也枕謂後之
初入于坎窞則三之陰也下坎已終而尚未出險故曰終无功
也

唐書楊仲昌議禮引易曰鐏酒簋貳納約自牖此明祭存簡易不在繁奢
所以一鐏之酒貳簋之奠為明祀也古易皆以簋貳為讀此引易去用

缶二字而以貳簋解簋貳其義尤明

納約自牖陸績本作誘蓋以其不原為牖字也本義作牖按牖與酒缶同韻且牖在南向明之地四在互離中牖象也宜從牖為是象曰剛柔際本義以剛指五柔指四然玩際字是交接之義以三與四上下卦交接三剛而四柔故曰剛柔際三四同在離中同為互震故有缶牖之象若以為五則缶倒而牖塞失其義矣

離初九履錯然敬之无咎凡人所履錯雜則易為所亂惟以敬為主斯可以避咎蓋紛紜雜投有主則不亂也離為火火主禮履者禮也禮儀三百錯然不一敬者禮之本也敬以行禮不卑

不亢何咎之有

○咸象中實而曰君子以虛受人者天下惟實者能虛不實而虛是浮夸之虛非受益之虛也故損卦中虛而曰窒慾惟虛則能窒不虛而窒則是滯塞之窒也

○咸雖以感爲義然感亦有道虛受者感之體光大者感之用順者感之功而和平者感之效也若外則馳矣下則卑矣末則淺矣滕口說則陋矣此皆感之害也

○恒亦中實實則可久天下不實之物必不能久故聖人之道不外有恒今世之以虛無爲教者皆無恒類也

浚恒之凶始求深也平常之理淺而易明有意求深反失之矣今之道學家皆求深者也愈浚愈失其源彼以為深也而不知已入于污下而不可救矣凶何如也

〇九三之德剛德也不恒則吝六五之德柔德也恒則凶夫不剛則柔是夫子而婦人也羞何如也甘受婦人之羞不能制義而反從婦制則不特吝也而且凶矣

〇德不恒固不可然恒亦有道久中而已初之浚恒求之深也上之振恒求之高也三四則无恒之失五則不宜恒而恒之病惟二能久中然亦曰悔亡而已甚矣恒之難也聖人曰得見有恒

所感深矣

○遯為以陽遯陰遯必于外九三雖陽然在内卦與二陰比故雖遯而有所係不能高舉遠引如上三陽也艮為閽寺臣也二四為巽而倒兊妾也

○好遯宜讀如字不宜讀去聲與下嘉遯同為一例四五與初二應固為嘉揭乃能絶之不與為黨如三之係于二陰者乃遯之好遯之嘉者也

○大壯九三羝羊觸藩下卦之終也上六亦觸藩上卦之終也羊之壯在角九四藩雖決然尚在震中衍輂無恙故惟角不羸則

羊壯可用六五至兌口則毀折已 盍乎羊亦喪之易〻亓然句
无悔者以其羊也羊陰物也
九四晉如鼫鼠四互艮〻為鼠在坤之上居坎之中為離之下
穴于地互坤伏而不出皆鼠象也
明夷初九注曰不食毛氏推易以為小過及升皆變兌口以成
離虛蔑口而稱腹為不食之象然小過之兌在三與五升之兌
在二與四皆于初無與。且所易者兌剛。非口也。蓋離為腹。坤亦
為腹。而坎為酒食。今二四互坎。而坎中一爻在離之上坤之下。日
兩腹俱不得而有之。是不食也。離為日坤三陰為三日是三

不食也此皆本象中有無待于推者也

○明夷九三應坤上六坤為西南十月卦也狩冬獵之名卦下為趾上為首下卦之上首也上卦之上大首也

○明夷六四夷于左腹離為腹在坤之下則左腹也坎為心三五互震倒艮為門艮陽門限也四退入三則入左腹獲明夷之心矣然已在四門外出門庭也

○上六初登于天明也後入于地晦也上天位登于天也坤地象入于地也照四國坤地也失則天則也

○家人九三當離之上爻離為火炎上則烈故有嗃嗃之象火性

温故有嘻〻之象三當離終故曰終吝

○六四巽柔巽為利市三倍故有富家之象以富屬柔者操作積聚内助之力為多也

○上九居上卦之終故曰終吉三以嘻〻而終吝上以有威而終吉見家道之貴嚴也然而嗃〻則悔厲者嗃〻非威也威者嚴而有節不怒而威一于嚴而有酷烈之意則舉動過當悔且厲矣然而猶吉也所以見嘻〻之不可也

○睽初九喪馬勿逐蓋初與四應四在坎中坎于馬為美脊中正當脊處馬象也初為二陽所隔而不見四馬若喪矣然兊决川則

為將自復故有勿逐自復之象坎又為盜故有見惡人之象焉
而无咎者以為我應也

○蹇利西南三五為離南也五上半兑西也九五適當離兑之中
故曰往得中也艮為東北坎亦北也上下俱无所之故曰其道
窮也

○損下卦皆在損下之列而初與二則未損者也故初曰已事二
曰利貞上卦皆在受益之列而四與五則未益者也故四不言
益而曰損其疾以其居上下之間雖益而或有近于損則損其
疾而已五言益而曰十朋之龜以其雖在益地而非實受其益

則所益者用物而已

十朋之龜互離爲龜互貝爲朋互坤排列有若貝然朋象也地數十故曰十朋五無所益而曰益者以其比于上故自上祐之也

○益卦上巽下震震巽皆木卦體中虛刳木爲舟上風下動舟行涉川也損否之乾上而爲震初在下卦之下自上下下也乾下爲震坤上爲巽天施地生也

○益象坤陰上升能遷善也乾陽下降以改過也聞雷知懼改過之象知風之自見善之象

○益六四利用為依遷國坤為國土否之坤在初與三今互坤在二與四是遷國也依者依于乾也

○損卦六爻五上皆兼言益而益六爻皆嵩言益不兼及損者損下益上無益則愈見其損〻上益下則弟見其益而不見其損也

8夬揚于王庭夲義以為正名其罪、毛氏以為五陽遞升皆非也、象傳自解之曰柔乘五剛、蓋言小人之得志也○告自邑不利即戎、去小人者、當交相和衷寀成其事、而不可妄動大衆、後世有興甲以清君側之惡○召外藩以去宦寺者○皆昧于不利即戎之

義者也夫決而和、決而不和、鮮有不敗者矣。○

○夬之九四當決之時而力不能行則不如姑縱之庶幾无悔然而非養奸也獨居深念待時而動若聞言而不信然慎審之至也夫聞言者聰也聞言不信者聰而不明用其聰、之至也故曰聰不明

○象曰孚號二曰惕號而上六乃无號有衆陽之號始克致一陰之无號蓋夬若斯之難也陰終不可長而後剛長乃終此君子之所以終无咎也

○姤一陰始生女未壯也然已慮其壯女壯尚未取也然已戒以

勿取聖人之防乎陰如是其嚴也陽至四方壯而姤一陰即為壯陰之易長也甚于陽彖傳曰不可與長為戒深矣

羸豕孚蹢躅人以豕之羸也或從而孚之而不知其蹢躅之性終不可改也狼子野心飢附飽颺人之不墮其術中者蓋亦寡矣

○姤二宜无魚而反有魚四宜有魚而反无魚天下之不期而遇與宜遇而不遇者有如此魚矣然二无咎而四反凶者納汙則江湖可以相忘潔清則跛扈亦同涸轍也

○萃初六當萃之初人心未定故有信而不終有亂者有萃者有

號者有笑者然皆不必恤惟往則无咎蓋人心雖亂而志不可亂故能定大難而成大功也一握為笑寫得笑之無謂猶所謂一團而笑也

○六三與上應本以陰萃而今忽分故上齎咨涕洟而三以嗟如相應聚散之感兩地同心雖无所利往則必合可以无咎第以陰求聚為可羞耳小者陰也

○萃之六二以陰居陰乃利用禴當萃之初以孚以侑為受祭者利也升之九二以陽居陰乃利用禴當升之時合漢居歆為主祭者利也

困卦兌為口言也坎中實信也象有言有信而曰有言不信者當困之時言雖可信而人不信之所謂面目可憎語言無味者也只此四字描寫處困情景神形畢現象傳言尚口乃窮者又以見言之無益不必尚也

酒食朱紱皆為困境者福兮禍所倚安樂中即生愁苦也二利用享祀五利用祭祀富貴人處困境別無所事惟有祀神求福而已矣

九四曰來徐徐九五曰乃徐有說上六曰動悔有悔處困之時惟徐則可以從容觀變動則可以振作有為悔則可以挽回天

意困之所以亨者由此道也

○井谷射鮒井居于谷无用之井于井射鮒〻何可得无與之象甕敝漏即所謂羸其瓶也凶可知已

○井泥則不食洌則食非人之棄井〻自棄也渫而不食則心惻者有之是以君子貴修井也甕之敝漏汲井者自取凶耳于井何與乎故曰元吉在上在上之吉非井之吉也蓋井之居其所而不遷其辨于義也審矣

○革九五大人虎變五居兑中兑西方虎金獸也虎毛如草〻得露而滋潤秋天多露虎毛以秋而變其文炳如兑于時為秋故

○有虎變之象

○初未革二乃革三革就四則改五則變上變而兼革〻之以漸而成以漸而深也

○鼎象君子以正位凝命上離嚮明而治正位也下巽出命于下凝命也

●鼎初巽足趾象也上承互兌〻為毀折又倒巽也故為顛趾巽長女承互兌少女皆得妾也合之乃成大坎〻為中男是得妾以其子也

●鼎九四與初應居互兌之中初為足而兌折之故有折〻之象

公餗爲實也形渥折足覆餗之形若以爲刑剭則不知渥刑爲耶刑守爲若耶恐于義難通

○爲以金爲鉉而玉飾之乃五言金鉉而上言玉鉉者五柔故言金上剛故言玉剛柔相濟之義所謂節也

○震九二與五應五以坤陰排列有若貝然然爲四陽所隔遂不成坤是喪貝也四爲互艮之剛艮爲山剛陽九五適在其上是躋于九陵也三五互次次爲少陽少陽數七故有勿逐七日得之象

○震六五與二應二之震方往而五之震又來其厲猶于二也然

二有喪而五无喪者二以陰居陰故有喪五以陰居陽故无喪
蓋陽動則有事而事又在中是以大无喪大者陽也
○艮九三艮其限三為上下卦之所由分下卦終于此限之象也
以一陽橫中間而四陰分列于上下有列其夤之象居坎中為
心在離火之下薰心象也
○腓隨股動咸之執其隨〻乎股者謂腓也故象曰所執下以二
而言也艮之不拯其隨腓所隨者謂腓之上也故象曰未退聽
以三而言也極字宜作承解三為二所承而三陽二陰各不相
比故為不承其隨也

○漸初六在艮之下為山足上承互坎在水之外故為鴻漸于干干者水崖也卦下巽互離皆有飛鳥象故取于鴻艮為少男小子也倒震言也

○九三當艮背坎中在山之上而無水高平之陸也艮陽為夫居艮之上征行至此離其羣醜已無可復三五互離ゝ為大腹既為艮上則不得復為離腹婦孕不育也坎為寇艮為止艮剛可以禦寇也

○五居巽中女已成婦自三至五已歷三爻三歲也離腹中虛得艮剛乃成而為坎所隔不孕也三腹資巽ゝ猶可入故孕而不

育五腹合艮﹅則止矣故并不孕
○泰之變爲歸妹泰者天地交也今以泰乾之三上而爲四以坤
之四下而爲三是天地不交也三四爲人道三爲下卦之終四
爲上卦之始故曰人之終始
○兑爲少女又爲妾自震視之則妹也自歸妹者視之則娣也故
初三屬兑皆以娣言之至四五及上則言妹言君言女不復言
娣矣此貴賤之等也
○女君之貴袂不如娣惡文之著君子之所以異于小人也月之
幾望有日進圓滿之休深太盈必缺之懼此其所以吉也若上

六无實而進以虛筐〻雖美其如无實何今之歸妹者虛筐而已征凶无攸利非妹之過歸妹者之過也

豐六二居離中、日中之象、上承大震〻仰盂、斗象也、離為目、故見斗、三在離上、日正中也、沫者斗杓後星〇三與六應、對震之陰、故見沫、倒艮為肱、在上曰右、三五互兌〻為毀折也、四在大離、亦日中也、已居震下、故雖見斗、而象曰幽不明也、以其近于斗而去日遠、故雖見之而不明也、

旅卦離上艮下麗于外而止于下旅之義也山上之火暫燃而不能久旅之象也

○旅六五射雉一矢亡離為雉互坎互巽以巽繩繫坎矢而射之乃四五合成離而即不成坎并不成巽是射雉而一矢亡也大坎中二陽一陽成離故曰一矢

○兑成于三陰故六三而兑始來且居下卦之終與上卦接一兑未已一兑又將來也故曰來兑

○四居上兑之末與下兑接下兑已成而上兑猶未定故商度其兑尚未安也在互坎之間坎為疾故曰介疾

○六居上兑之末兑而又兑牽引不已曰引兑引者長也長以悦、為事工于側媚未光也、

○渙六三三五互艮躬象也三居艮末必合四五而後成今ゝ分為兩卦是渙其躬也四五居外卦故象曰志在外○四與三合其羣也一上一下則渙其羣矣三五合以成艮雖渙也然有丘象焉此則非尋常之思所能及也

○節初與二同陽一无咎一凶者不宜出而不出則通塞之識明宜出而不出則失時為已極也四與三同陰而一不節一安節者居下之上則驕溢易生處上之下則收斂惟謹也

○中孚象議獄緩死上下四陽二陰在中為人獄之象也巽為命令兌為口兩陰相合有議之義二ゝ四互震ゝ為反生緩死之象

也

○小過象行過乎恭上震爲行震懼恭意也卦爲大坎﹅﹅爲憂有喪象下爲艮﹅﹅止而不過有儉之意

○初六飛鳥尚在下也然而以凶者鳥既能飛則羽翼已成有一鳴冲天之志此其勢不可以止故曰不可如何亦當嚴履霜之戒也上六飛鳥離之者弗過之過天地閉賢人隱高舉遠引天下事不可爲矣此其所以凶也飛鳥宜上不宜下乃在上而凶在下而亦凶者時使然也是以彖傳釋小過之利貞貴與時

既濟泰之變也坎在上離在下夫水欲潤下火欲炎上今上而反下下而反上失其性矣且措水于火之上火炎則水必涸溢則火必滅其為濟也幾何矣然而曰既濟者何也此聖人扶陽抑陰之義也陰陽得位男先于女以陽始以陰終此其所以濟也至其屬辭則屢有憂患之意焉以為物性不安則水火之爭將自此始火伏而出水逆而行名為既濟此大患也故象曰初吉終亂象曰思患而預防之聖人之不以既濟為幸而以為慮也思深哉

未濟與既濟勢若大相反而文詞亦吉于既濟者既濟則盈未

濟則懼消息之義也故既濟初濡尾未濟初亦濡尾既濟上濡
首未濟上亦濡首而象曰亦不知極亦不知節則既濟之不知
極不知節從可知也至同一伐鬼方而既濟之憊不如未濟之
志行同一曳輪而既濟之无咎不如未濟之貞吉蓋既濟以陰
終雖濟而終亂未濟以陽終雖未濟而可以不續終此既濟之
所以不如未濟而易之所為以未濟終而不以既濟終也

補

（後按詩言一條）

剛柔相摩八卦相盪上已言乾坤定矣此則乾坤生六子也剛
柔者乾坤之剛柔相摩者乾剛與坤柔交相摩而生六子所言
一索再索三索者也是固雷霆風雨日月之所由象而男女之

所由成者也。若以剛柔兩畫兩相摩為四，則上文乾坤兩字為虛設矣。

卦有小大兼貴賤之位而言也。辭有險易謂吉凶之辭，各指其所之，則或悔或吝或无咎，各因其所向而為之斷也。

首曰易與天地準而終之以神无方而易无體，則仰以觀于天文三節皆言易中之理也。乾坤者天地也，初上者始終也，陽物陰物精氣也，變陰變陽游魂也，不遺不過不流不憂能愛言易之用如是，而人當善用乎易也。至于範圍天地曲成萬物通乎晝夜之道，則易之用神矣，所謂與天地準者也。

一陰一陽之謂道一陰一陽郎道也以陰陽為氣別尋一個道

天下豈有陰陽外之道抑且于之謂二字亦解不去繼之者善

天之道也成之者性人之道也

六爻成列吉凶昭然顯諸仁也貞悔變化各因其時藏諸用也

聖人憂萬物而不能為之亦有以鼓之而不同聖人之憂此易

之盛德大業之所以為至也

宋書晉安帝詔劉裕内研諸侯之慮外致上天之罰則以侯之二字為衍文者非古也

成象之謂乾所謂在天成象也效法之謂坤所謂在地成形也

地順承天故曰效法〻乎乾也

一陰一陽之謂道陰陽不測之謂神惟道故神若氣則有形有

迹人得所測之不得謂神矣
9 廣大配天地乾坤也變通配四時乾坤生六子也重言日月
坎離乾坤之用也萬物齊乎巽成乎艮大生廣生之中已具焉
且亦同運于四時中故以四時統之
8 大衍之數五十、以河圖中宮、天五乘地十而得之、則實數止有
十五矣。若云以五乘十、故為五十、則不宜用乘數、郎乘數亦虛
虛數也、虛數豈可以為數、大衍之數。因。與。河圖。無。與。郎云河圖
之數。亦宜云去河圖中宮之五不用。而用其餘之全數。方為五
十也。

大衍之數。自是五十。天地之數。自是五十五。大衍自大衍。天地
自天地也。謂。大衍。法。天。地。則。何。以。去。五。不。用。謂虛其六以當六
爻。則大衍只是五十。而用四十九。所虛者一耶以天地之五。合
大衍之一。以當六爻。恐無此事外牽連之法也。
聖人因大衍之數。而推及天地之數。乾坤之策。期之日。萬物之
數。所謂引而伸之。觸類而長之。而天下之能事畢者也。必欲勉
強配合。東牽西扯。反于聖人大意不合。
天地之數五十五。而大衍之數五十者。參天兩地而倚數。留其
五。以還。天。地。為。數。之。本。也。其用四十有九者。天地無全功。聖人

無全能○術、不可以盈也○大衍之用也○然一雖不用○而終不去其一○猶必以五十為大衍之數者○全體渾然○缺一不可也○大衍之體也○

大衍之數五十、五也、十也、其用四十有九、九也、八卦、八也、以七乘七、為四十九、七也、六爻、六也、揲之以四、四也、掛一象三、三也、分而為二、二也、所少者獨一耳、無一則數無所始○存其一以備全數○一雖不用○而一之所係者大矣○

形而上者謂之道○即一陰一陽之謂道也○形而下者謂之器○即形乃謂之器也○陰陽不可見○正所謂形而上者○奇偶以象陰陽○

即所謂器也如以陰陽是形而下者則不知形而上者更有何
物耶。
○補後治誨淫一條
離兩目相麗巽繩韋之網罟之象離為鳥為鱉為蟹之屬巽為
魚並麗其中佃漁之象
○噬嗑為否五易初下坤變震坤為布震為大塗易布貝于大塗
之中市象也又為益五易四巽易為離巽為近市利離為日中
易利于日中亦市象也又為損二易四兌易為離兌口交衆
口于日中亦市象也
○渙以木在水上固為舟象然巽又為風中互震艮或以風行或

以風止亦舟象也

○隨卦震爲馬互坎爲輿爲輪互震艮爲手爲足爲行爲止皆服牛乘馬之象也

○小過上震下艮震居東方屬木艮爲山近地今以震艮二陽合爲大坎坎者陷也又互兑〻者毁折也兑折斷木之象坎陷掘地之象又中有互巽〻亦爲木

○大過上兑下巽兑爲毁折巽爲木又入也毁折而入于木棺槨之象

○損卦爲泰三之上以乾三易坤上而又相應天地絪緼也艮爲

少男氣為少女男上女下男女構精也中互坤〻為衆互震〻
反生則萬物化生之象也
○益下震互艮震動艮止是安其身而後動也上巽互坤巽為命
令坤為順是易其心而後語也否以坤初易乾三為巽〻為近
利是定其交而後求也
○巽稱而隱本義云稱物之宜而潛隱不露則稱字當讀去聲崔
憬曰巽能申命行事是稱揚也陰助德化是微隱也則稱為平
聲然巽以行權〻稱錘也則當從去聲若稱物之輕重則又當
從平聲矣

○九卦之中獨不及離蓋離外剛内柔難以入道且離文明之ゝ道惡文之著察ゝ為明皆非造道之資也故獨于離之卦無取焉

○其出入以度外内使知懼言易雖不可為典要然ゝ其或出或入皆有法度出者外也ゝ者内也或外或内皆使人以知懼而已此所謂典常也

○易卦六爻初二地道初剛二柔也三四人道三仁四義也五上天道五陽上陰也其曰分陰分陽迭用柔剛而不及仁義者陰陽剛柔仁義已在其中矣

天地定位以下數章。皆反覆言乾坤六子之用。天地定位節、以對待而言也。帝出乎震節、以流行而言也。雷以動之節先六子而後乾坤。弟子服勞之義也。神也者節、言六子而不言乾坤。子壯而父母休之義也。自乾健也以下、則皆以伏羲畫卦之序為言也。夫伏羲畫卦。原未定有卦位。第其畫卦先後。則乾父坤母。一索再索三索。此真伏羲之卦位矣。文王演易。亦未定有卦位。若其繫辭首重乾坤。則亦以乾坤為首。未嘗以震巽居先也。至說卦乃孔子贊易之辭。顛之倒之。或先或後。各有至理。亦不必執此以為八卦之位。今乃意其此或為羲卦。此或為文卦。則自[illegible]

地定位兩章而外卦位之不齊者亦多矣則又不知其為誰之卦也

雷以動之風以散之此所謂雷風相薄也一動一散薄之義也雨以潤之日以晅之此所謂水火不相射也對舉水火則相射變言雨日則可以對舉而不相射也艮以止之兌以說之此所謂山澤通氣也山澤其形而止說其氣也乾以君之坤以藏之此所謂天地定位也先天地後六子順也先六子後天地逆也易以知來故尚逆數也

帝出乎震章乃言卦之所以配四時因文王演易多以東北

西南為象。故夫子推言之。亦非以此為卦位也。其義則乾父坤母、長女少男、退居四維、而以長男中男中女少女、列居四正者、男長則能任事。女少則能生育。此所以成四時而有化生萬物之功也。

燥萬物者莫熯乎火、潤萬物者莫潤乎水、此則明言水火矣。然而火與澤、以中女少女為一類、水與艮、以中男少男為一類。雖言水火然相逮也。非相射也。若其方所、則南也北也。以其相見乎離勞乎坎也。非以其為水火也。今明曰水火不相射。其方亦實在南北。而故使之一東一西。則不相射者相射矣。其于著

卦位奚取焉

索求也謂乾求于坤而得其陰爻坤求于乾而得其陽爻山乾

坤所由生六子伏羲畫卦之次第本如是也本義以為揲蓍以

求爻則未見揲蓍而得六子之卦乃必先立一乾坤而後向之

未有也

乾統四德故備春夏秋冬之氣大赤木果乾之元亨也為寒為

氷乾之利貞也

布與釜為一類皆用物也古以錢為布與貝同用坤陰主利故

為布若以為數布之布則當與均為一列不當在釜上矣乾居

西北而于色為大赤坤居西南而于色為黑者各從其陰陽也
類也

○震居東方于時為春萬物方始發生故為旉〻者花也蒼莨竹
竹之幼者萑葦葭蘆之始茁者反生稼之始生者皆春氣之所
訪　色八佳　色

○白為西方色巽位東南而色白者倒巽則為兌〻之色也
巽得乾之上體而不能純乎乾〻為首故巽之寡髮廣顙皆首
形也

補後坎為水一條

○坎為弓輪中一陽弦也上下二陰張弛之象也中一陽軸也

二陰載也坎于德為知通之象又為耳司聰亦通也坎為溝[illegible]
伏陰見竊盜也剛中為主羣小四出大盜也坎中剛故于木[illegible]
堅多心
○坤為腹離得坤之中畫故為大腹離為火而象水物者凡介屬
皆下而蓋離之象也
○震陽在下二陰在上故為大塗艮與震反故為徑路艮為手手
之用在指故為指艮剛在上故于木為堅多節
○兌為毀折為附決皆口舌之象正則為折為決口舌之功也不
正則為毀為附口舌之咎也

○序卦以聯屬為文流行之義也雜卦以比附為文對待之義也

○序卦以次而列故曰序雜卦錯舉成文故曰雜

○人之所需者莫如飲食故需為飲食之道其為卦坎上乾下中有互離互兌則以天生之物而調之水火以入于口腹亦飲食之

有无妄而後可畜甚言妄之不可畜也不養則不可動甚言動之不可不本于養也彼無養而妄動鮮有不致大過者矣

○序卦上篇不言乾坤而言天地天地即乾坤也下篇不言咸以言男女男女即咸也乾道成男坤道成女男女者乾坤之六子

○也故上經首乾坤下經首咸有天地然後有男女也屯剛健而不陷見而不失其居也蒙養正為聖功雜而著〻初京本雜作稚尤明大畜以待時无妄而反災君子修其在我而己謙則易輕豫則易怠戒之也明夷誅也孫奕示兒篇謂是眛字之誤眛雖與晝對然誅字于夷之義亦通正不必改字也井養不窮其道大通與困相遇困亦通也故曰困窮而通大過顛也以下雖不反對然意實相連以大過顛為一頭而以姤與漸對柔遇剛女待男也以頤與既濟對養正則定也以歸妹與未濟對女終男窮也然後結之以剛決柔乃全經之大義乾坤首

男女之象抑陰扶陽者作經之旨女窮男終而乾坤或幾乎息
矣故終之以剛決柔決去一柔則反而為乾所謂終則有始天
行也
孔子曰河出圖聖人則之又曰河不出圖而戴記禮運篇曰河
出馬圖孔安國又云伏羲王天下龍馬出河則言河圖者自當
歸之伏羲而淮南子乃以為黃帝受而龍以白圖授帝此漢家
崇尚黃老故神異其說不足據也尚書顧命曰天球河圖在東
序春秋緯云河圖有九篇則必實有簡冊之物負之而出者已
羲至周相傳世守以為國寶而不知何時亡之至宋陳摶

衍之數以為河圖。後人奉為秘旨。及蔡元定遇隱者授圖。龍馬旋毛圈而成文。而近代楊時喬推廣而擴充之。增河圖之往來陰陽回互之形。此皆影響杜撰。終無當于河圖之實也。庖羲氏觀象于天。觀法于地。始畫八卦。而因而重之。以為六十四卦。所以類德而通情也。第聖人贊易。止言畫八卦。而未及六十四卦。于是有以重卦之起。歸之神農者。歸之大禹者。然繫辭又曰。因而重之。爻在其中。則相因而起。非出後人也。伏羲之卦有象無文。其畫卦也。觀法天地。則必先畫乾坤。而後以乾坤之一陰一陽。互相交易。于是有一索再索三索。而六子之卦成焉。

8

即其重而為六十四卦也亦以乾坤六子互相乘重而六十四卦已備是伏羲之畫卦明白簡易止有八與六十四而已耳有三畫與六畫而已耳並無所謂一畫二畫四畫五畫及十六卦三十二卦之紛紜舛錯以示謬巧也至其卦象則祇以父母六子相生為次序於上無東西南北方隅位數之殊於繫辭二字中擬闡義類皆聖人窮理觀變贊易之辭在伏羲畫卦之說雖義無不包而實未有迹然則所謂先天卦位方圖圓圖諸法皆宋儒之易非庖羲氏之易也

易自陳邵先後天之圖出錙銖較量于南北東西子午寅[illegible]之

位。而易之理叢雜舛錯。幾于不可思議。然而聖人作易之中。如是之俳巧也。邵子以天地定位、為伏羲八卦之位。先天之學。以帝出乎震、為文王所定卦位、後天之學、然乾鑿度以乾坤巽艮四隅卦為四門。坎離震兑四方卦為四正。皆伏羲所定。又云、庖犧畫四象。立四隅、以定羣物發生門。而後。立四正。則在兩漢時。皆以帝出乎震八卦次序。為羲畫原文。似非文王所改。即如先天圖所謂乾南坤北離東坎西者、以為伏羲八卦、然。經。明。云。水。火。不。相。射。而圖則。水火相。射。矣。圖。與。經。反。恐伏羲不如是之悖。孔子賛易不如是之疎也。夫說卦序卦、篇目甚明、則天地定位諸節。乃孔子反覆推明八卦妙用。顛倒錯綜。通天入地。近取諸身。遠取諸物。而無不可。不必指定孰為羲卦。孰為文卦也。蓋伏羲畫卦。僅畫八與六十四卦。有占無文。至夏商而連山歸藏各易其序。加以繫詞。藏于太卜。文王以為是非伏羲畫卦之義也。于是取而演之。安定六十四卦之次序。以乾為首。而坤而屯而蒙。各以畫數為對待。反覆以觀。〻前卦則知後卦。觀後卦則知前卦。所謂數往者順。知來者逆也。次分篇數為上下經。以乾坤坎離列之上篇。震艮巽兑列之下篇。上篇以乾坤兩卦為首。下篇以兩卦兼震艮巽兑者對之。上篇以坎離兩卦為終。下篇以

坎離合為兩卦者對之而上篇得三十下篇得三十有四此周
易之序也而由是繫之以辭彖有彖詞如乾元亨利貞是也爻
有爻象如初九潛龍勿用是也繫辭之義皆因本卦之義與彖
及六位之時剛柔相推之變化而斷其吉凶是故孔子贊之以
為當文王與紂之事其辭危其道甚大百物不廢初無所為圖
者以為文王之易也又按繫辭演文皆文王之事獨馬融陸績
謂周公作爻辭益以易文有箕子之明夷帝乙歸妹王用享于
西山諸語遂疑為伐紂後所作然孔子贊易不及周公史亦不
載周公作爻詞之事則統歸之文王無疑矣

8

按詩言昔有成湯自彼氐羌莫敢不來享莫敢不來王曰商是常則鬼方之服于商也舊矣中間王室多故叛服不常高宗既平荆楚蠻夷重譯來朝而鬼方居然負固則罪不可逭矣于是震動興師聲罪致討猶復抗拒天威至于三年然後克之是高宗之大奮威武堅忍持重必欲勝之而後已者直以祖宗藩服偕叛不臣不敢姑息為政以長陵替之階非如後世好大喜功勞師黷武于不毛之地也易稱高宗伐鬼方三年克之似乎天子自將竊疑鬼方去亳都頗遠豈有天子三年在外遠棄國政而暴露遐方若是之久後讀三年有

賞大國之文乃知伐鬼方者命大國以伐之至于克之之日論功行賞而已不必親行也夫高宗一伐荆楚則以神速見功再伐鬼方則以持久奏績其處置之宜廟筭之優必有卓越尋常者惜乎史冊不能詳記僅于詩易遺文得存大意古帝王盛事其逸而不傳者可勝道哉、

冶容誨淫、太平廣記引之作蠱容誨淫、左傳女惑男曰蠱國語蠱女縱欲張平子西京賦妖蠱艷夫夏姬美聲暢于虞氏南都賦、侍者蠱媚、巾幘鮮明、五臣注作冶、馬融廣成頌古冶字作蠱字是冶郎蠱、古字通用也、

ㄅ

坎為水為溝瀆欲行水者用溝所以為澇之備欲停水者用瀆所以為旱之備矯揉水之性而為溝瀆亦猶矯揉木之性而為弓輪聖人所以範圍五行而曲成萬物也故坎之象兼有取于此、

經義考異卷二

尚書

○按堯名放勳、舜名重華、禹名文命、此史記本家語五帝德自蔡氏書傳、以為皆稱述功德之語、而朱子集註亦以放勳為史臣贊堯之詞、後人遂遵而不敢易、然考孟子放勳曰、放勳乃徂落、及楚詞就重華而陳詞、與重華遊兮瑤之圃、諸語、則實是名、非贊詞也、

○書載舜事自乃命以位後即繼之以慎徽五典一節此正乃命以位之實即登庸嬪虞後事也然後繼之以詢事考言

三載陟位一節則慎徽五典諸事皆三載中未陟帝位之事正帝之所以歷試而底績者此在七十載登庸以後二十八載攝位受終之前年與事皆可考也至受終文祖則三載後之事也一受終攝位即有齊七政祀群神覲四岳巡狩四方因巡狩而肇州封山乃得鯀治水之無狀三苗之負固群臣之比周而于是制刑而誅四凶焉鯀既殛于是乃使益掌火禹治水此時政之最急者皆攝位中一年之事也所疑者左氏載舉元愷誅四凶而引慎徽五典諸語作証似不當在攝位之時既覲四岳不能即巡狩且殛鯀不當

在竄三苗之後肇十二州當在禹告成功之日舜典乃史臣約
記攝位時事不必盡出一時其說亦似有理而有不必疑者左
氏載舉元愷而曰使主后土地平天成布五教内平外成則元
愷諸人多在九官之内原可不必將書至所引書詞斷章為
証亦不必定舉元愷為巖五典納百揆時事誅四凶為賔
四門時事也果爾則納大麓時又復有何事乎若覲四岳則
正月之事因新君攝位而来見者巡狩則自二月以至十一月
之事一則始攝位所以荅諸侯之覲不必限以常期故堯之
巡狩以十二載而舜至是始定制限以五載葢自是年始

也一則協時月正日諸事乃攝位時一大要務故不得不急
于巡行此舉大有關係非攬權柰制也共驩比周其罪易
見但聖人攝政不欲遽行誅殺故稍緩時日三苗亦在南
方諸侯之列巡狩乃知其負固竄特竄其君非滅其國也
觀禹治水有三危既宅三苗丕叙之事則竄三苗自在禹
未治水之日至禹征有苗則所立之新君又叛非所竄之
三苗也鯀方命圮族帝堯知之以四岳咸薦勉強試用至舜
攝政時績用弗成久矣然四岳諸人必有陰爲左右者舜
因朿覲得其罪狀又一時無可代之人故姑置之至巡狩所至

親見懷襄如故庇護者無所容其私然後乃明正其罪而殛之故曰天下咸服史記云舜攝行天子之政巡狩方嶽視鯀之治水無狀乃殛以此死與經文次第相合尤為確據若肇州封山亦巡狩時事蓋堯時原名九州舜攝政時增為十二州至禹治水成功復為九州覲後只稱九州可見且經文列在巡狩之後制刑誅四凶之前則明是巡狩時事縱使史官記行事不計先後亦不應以即位後之事列之攝位中顛倒錯亂如是之甚也蓋史臣記事雖錯綜變化然必按其事之先後緩急而輕重布之舜時事莫急于治水治水必使

8

禹使禹必在殛鯀之後令記舜攝位所行諸事獨以殛鯀置之最後豈舜之不急先務耶抑史臣記事故為之顛倒其詞使緩者居先而急者居後耶毋亦次第施行一時並舉直至殛鯀而事始全此史臣之實録亦史臣之微意也此皆考之經文而合按之事迹而不謬者也

書箕子之言鯀則殛死禹乃嗣興天乃錫禹洪範九疇則是禹受命治水即得洪範九疇故後之九川九江九河九土九貢九州九山九澤皆以九為數本於此後人乃以洛出書即此此雖據孔安國之說然禹所得者洪範九疇非洛書也易大傳云

河出圖洛出書聖人則之似洛書亦出伏羲時則之以畫卦者於禹無預且春秋緯云河圖九篇用乾數洛書六篇用坤數未聞洛書以九數也至宋陳搏所作戴九履一之圖乃始于大戴禮明堂九室制二九四七五三六一八之文後漢書張衡傳所載太乙下九宮法者而陳搏竊之後人遵之錮習不改深可惜也

按孟子禹八年於外三過其門而不入則禹之治水固八年也然上曰然後中國可得而食下曰雖欲耕得乎然後繼之以后稷教民稼穡使契為司徒明是水土平方使教稼明倫也

又按史記云禹居外十三年似與孟子八年之說不同然考禹貢兖

○州之賦作十有三載乃同是豫計之辭當以孟子之言為正

禹受命于神宗與舜受終于文祖其事一也蔡傳既以文祖為堯始祖之廟則神宗自當為舜始祖之廟乃以祭法有宗堯兩字遂以神宗為堯廟豈舜為天子不立廟耶將祭法所謂禘黄帝而祖顓頊者于何而禘之祖之也且郊祀配天宗祀明堂皆祀時特設之主不必又別立廟則神宗之宗與宗堯之宗較然有别豈可執此一字以為堯廟耶

○書言五十載陟方乃死孔傳曰升道南方以巡狩而死于蒼梧之野家語檀弓大戴禮亦言舜葬于蒼梧之野史記從之

而孟子獨曰舜卒於鳴條不知在何所世久疑之然而孟子與

經言可並行而不悖者鳴條非國都則亦以陟方死也經止言

陟方未言蒼梧則信孔傳信家語櫃弓史記何如信孟子

之為得耶路史曰帝死以尾棺葬于紀是為鳴條註云鳴

條在安邑西北或以為蒼梧山在海州界近莒之紀城此則

調停之說亦不可信然諸書皆言葬于蒼梧而孔傳獨言

死此則其獨異者而大戴禮舜二十以孝聞三十在位嗣帝所

五十乃死又與尚書異

補後舜于刎一條

通志相與有扈戰于甘澤不勝六卿請復之相不可退修德

朞年而有扈賓服此與呂氏春秋所記同但書序夏啓作甘誓而史記亦曰啓立有扈不服遂滅之其後馮衍賦訊夏啓于甘澤兮殤帝典之首傾而王逸註天問有扈牧豎擊牀先出以為啓攻有扈親于牀上擊殺之皆以攻有扈為啓事而甘澤六卿戰地事迹又畧相同似通志之說出于傳訛且史記既云啓滅之至相何以復存殆不可解或恐啓但滅其人而不絶其國如春秋滅鄫滅許之類至王逸註楚詞終斃有扈又以為少康事前後自相矛盾則愈誤矣

○○按孟子湯崩太丁未立外丙二年仲壬四年並言二王享國

不永•故太甲得以早立、外丙仲壬不言立者蒙上未立而言則
此其已立者也、文明義順、甚為易解、故趙岐順文作註、而史記
因之、孟子大賢、以周人數商世系、信而有徵、當不可易、自孔氏
作書傳、以為湯沒而太丁之子太甲嗣位、至邵康節作皇極經
世、竟削二王之名、程子亦知孟子之言不可磨滅、乃創為外丙
二歲仲壬四歲之說、以文之然、以孟子文義考之、此節本言太
甲之事、太丁未立、則太甲嫡孫自當立者也、雖太丁幼弟尚
有二人、何妨于太甲之嫡孫、而必連類及之、孟氏之詞不已贅
乎、乃為之說者曰商一生一及、故不廢弟、然必其弟之已立

者乃可数之若其未立何容計及且安知湯子僅餘二人使若文王百男則孟子之書罄幅難盡矣故朱子極宗程氏至于是説則僅與趙註兩存而不敢定蔡元定書傳力闢孔氏之説而引呉氏之言明白曉暢當無可疑者矣通鑑前編既引會編之言又從大紀之論竟削二王之年夫會編既云經所傳者義史所載者事事有可疑則棄事而取義義有可疑則假事以証義令孟子之言義既不誣而史記所載事又不爽乃以邵康節極数知来懸空推筭竟加于孟子之上削奪帝王世数此則背謬之甚者也然則編年之次

何以加入二王則無可入自三代以上年數多不可考若二王年数則孔氏之説亦有可採者商人踰月改元商二十八王之中未必盡崩于卒歲固不難多出六年以足二王之数此又非皇極經世之所及推也且考世紀武王伐紂之年在于乙酉而前編推為己卯前後恰差六年則二王之歷年亦自有可據者又考大戴禮有云湯崩二十二世乃有武丁武丁崩九世乃有末孫紂則世次秩然可数二王之名可削而殷之世数又何可減也梁書許懋云禹傳啓至桀十七世湯傳外丙至紂三十七世雖世数不同然以外丙繼湯則昭然不易矣

太甲之元祀即仲壬之四祀商制遭喪即位踰月而改元仲壬以

四年十一月崩、則太甲即于十二月即位、此十二月即為太甲之元祀、而非仲壬之四祀矣、冬十有二月者、商正之十二月、即夏正之十一月、建子月、非建丑月也、商周改正○俱改時月○商以建丑為歲首、則夏正十二月、當為商正春正月、是太甲之二祀、非元祀矣、漢律歷志云、惟太甲元年、十有二月朔、伊尹祀于先王、誕資有牧方明、班固解曰、冬至越茀、祀先王于方明、以配上帝、蓋是年值月朔冬至、初喪不祭、故伊尹代之行事、冬至在十一月、非十二月也、而書十二月、此商之改月之驗也、宋儒以為商周皆不改時月、維秦亦然、故蔡傳以為建丑之月，即商歲首，而辨之甚力。六周自有春秋可考。若秦則亦改時月，有可証者。始皇本紀、三十一年十二月，更臘為嘉平。臘固宜在建丑月也。然原註載茅盈內紀、謂始皇三十一年九月庚子、有歌謡曰、神仙得者茅初成、駕龍上升入泰清、帝若學之臘嘉平。因改此名、則是九月秦已改為十二月也。二十九年、始皇東游至海上之罘、刻石文曰、時在仲春、陽和方起。則以秦之仲春為夏之十一月、故曰陽和方起。若二月則不得云方起矣。漢初亦用秦正、而元年十月、五星聚東井、崔浩辨其在七月、古詩玉衡指孟冬蟋蟀嗚東壁此皆以秋爲冬此時月俱改之驗也。至于史記所載則從孝武作太初曆、改用夏時、而從前之從秦正者、其在時月、則必追正之。然但改正時月、而不敢改歲首、故記事仍從冬十月始、此追改之文、非原文也、祇見厥祖者見于成湯乃祖廟也、固將言烈祖之德以訓王、故因祀先王而特奉之見厥祖也、孔傳以爲太甲繼湯故以見厥祖爲奠殯而告夫嗣子定位初喪朝夕在殯焉用宰臣奉之而告乎太甲中篇十有二月此十二月蔡傳作太甲終喪明年之正朔然亦建子之月夏之十一月也三年之喪凡二十五月而撤喪服可以即吉行政太甲自戊申之十一月服喪至庚戌之十月則兩朞又加一月為二十五月而畢喪至十二月已服闋故伊尹以冕服奉王歸亳此十二月者商之十二月實夏之十一月三祀之終朔非三祀之元朔也

○補後營于桐宮一條

盤庚遷殷益為邢地又有河患欲復先王故都而在位偷安小民懷土故盤庚反覆開諭于盡劉降厝沘衆胥沘蕩析離居三致意焉書中絕無君民奢侈之語而鄭玄王肅皇甫謐諸家皆以奢淫為言宋儒多從之不知何見且盤庚自邢遷殷故曰于今五邦而鄭王諸家俱

自耿遷殷則止四遷矣于經文亦不合況祖乙圮于耿豈盤庚尚可都乎後人以為湯國號商至盤庚而始改殷然考之盤庚所遷即契與湯之故都故曰紹復先王之大業此乃西亳在河之南名商亳亦名殷亳非有二也盤庚以前早有殷名史記殷本紀即稱殷契中間累稱殷道衰殷復興皆在盤庚前而盤庚後則曰商令有其災商其淪喪觀政于商令商王受即盤庚自言亦曰殷降大喪是殷名不自盤庚始商名盤庚不得易也且又有殷商並稱者詩曰殷商之旅又曰咨汝殷商可知殷商之通稱由來久矣

高宗彤日一篇尚書甚明即史記文亦明顯通鑑前編乃記之祖庚三祀以為祭高宗之事而以史記為據然亦試取史記而詳讀之乎史記云武丁祭成湯明日有飛雉登鼎耳而雊武丁懼祖己曰云云至祖庚立祖己嘉武丁之以祥雉為德立其廟為高宗遂作高宗彤日及訓則是雊雉之災祖己之訓王史記明作武丁之事與書序無異也特其作高宗彤日及訓則史記以為在祖庚時與書傳異此是司馬遷錯處記內既引祖己訓王之語此即高宗彤日篇文也安得復有一高宗彤日之書祖己作于祖庚時乎然即如[illegible]

記誤解乃其作書之故亦曰嘉武丁之以祥雉為德是皆
作于祖庚時事仍是武丁事也。今乃以為祀高宗時事。吾
不知其果讀史記焉否也。

。書無逸以祖甲與太戊高宗並稱則祖甲啇之賢君也而
國語有帝甲亂之史記有帝甲淫亂殷道衰之語遂使
祖甲為亂為賢後世莫定然周公告君豈敢妄舉其曰
不義惟王爰暨小人者亦未即位之事曰作其即位爰知小人之依云者然則祖甲亦先迷而後
乃即位後之事
悔者國語史記祇知其前之淫亂而不詳其後之善政後之
論祖甲者終當以周公之言為正若孔氏欲改作太甲鄭玄

8

誤解不義惟王妄造事實儒説紛紛不如書文之明且盡也又索隱引紀年太甲惟得十二年此云祖甲享國三十三年知祖甲是帝甲亦是一証但記年人多疑其誣未敢以為確據耳

書記西伯戡黎祖伊奔告史記于殷本紀則曰西伯滅飢祖伊告紂于周本紀則曰敗耆國殷之祖伊聞之懼以告紂飢與耆即黎也字音異耳蔡沈書傳猶以為文王胡五峯呂東萊諸人皆以為武王通鑑前編遂于文王書伐耆于武王書東觀兵戡黎而鑿鑿著辨以為黎近王畿

若戡黎即為孟德之術、祖伊奔告、如是其急、而紂又遲十有餘年、不一忌周、惟武王觀政于商、方有戡黎之師、因以警紂、夫紂命文王為西伯、得專征伐。未嘗曰得專西方征伐也。黎為紂黨。濟惡虐民。聲罪致討。自是方伯之職。況黎雖黨紂。未若崇侯虎之甚也。又明年有伐崇之師。翦君之腹心。以報譖己之讎。其為不忌孰有甚于此乎。然而文王行之而不疑者。以為逢君之惡。以離散其民。是即商之叛國也。討叛國以匡君。正所以存商也。豈如曹氏父子。奪人土地以自封殖耶。且戡黎之歲、距紂亡僅八年耳祖伊之告非不甚急而紂已置若罔聞則戡黎之舉。紂固視為不經意之言。亦以為西伯之征伐。出吾所命。非自專也。前編改易年月。凡事俱早九年。反謂紂遲遲十有餘年。不一忌周。毋論時勢俱謬。即昌不敢書文我生有命之一言深思之。紂自不忌。而彼反代古人擔憂乎。若乃觀兵戡黎。則又自造故實矣。武王觀兵孟津。無戡黎事。乃以文王之事。強坐武王于觀兵之下。牽入戡黎而字文王實戡黎、而必不使其戡黎、武王不戡黎而又強使之戡黎、顛倒事蹟。變亂有無。吾不知其可也。

泰誓惟十有三年春十三年者連文王九年言之武王在位止
四年耳蔡傳以為武王之十三年夫武王則安得有十三年
乎武王自諸侯為天子前後不過十年而崩大戴禮云文
王十五而生武王則文王崩時武王已八十三歲矣又明年八
十四歲而即位若又十三年而後伐紂則以武王九十三之年
計之已死過四年矣然而文王受命改元稱王之說宋儒
力闢其謬顧猶有可信者受命之說本出後人推原或未
必然惟改元則于事于理皆未嘗謬蓋文王自受囚羑里
以來此時死生存亡俱未可必國內無君幾同廢絕一時得

反故都復加寵命此誠之死而致生亡國而有國者也失國再復改後元年三代以下天子諸侯多有之何獨疑于文王若武王宜改元反不改元者正惟文王已改故武王可以不必復改非獨孝子之道不忍忘親亦以歷年未久無容屢更也觀于後之有天下尚不改元則改元非古人所重可知矣書曰惟九年大統未集余小子其承厥志此文王改元九年併武王不改元之意于此明白較著矣多方曰天惟五年須暇之子孫誕作民主則武王立五年而即伐紂其所謂十三年者果武合文年無疑也若稱王之説則夫子之言有之周公成文武之德

追王太王王季上不及文王非武周之追尊獨遺其父夫子之援古不及于文也已稱王故也諸家之言不足信、豈夫子之言亦不足信乎、夫惟周有天下、始定王為天子之稱、而諸侯不得或僭、夏商雖稱王、然時仍帝號、史記于夏殷本紀、諸王皆加以帝、吳越春秋云、禹以下六世而得帝少康、路史孔甲作帝胤甲、有窮僭號、曰帝夷羿、而楚詞天問、不勝心伐、帝既驚、帝激切、皆以桀紂為帝、紂之父則居然稱帝乙、家語亦曰、帝辛之世、夫天子既為帝、則諸侯稱王不過以為西伯之故、畧加别異耳、不必即為大罪加文王以不臣之誅也。至于春則建子之月。非建寅也。商周改朔併改時月。武王一月興師、二月伐紂、若從周正、則在子月丑月、若從商正、則在丑月寅月、斷無改從夏正之理。然而以周史記周事。則必從周正而不從商正。宋儒執商周俱不改時月之說。故蔡傳力辨冬之不可為春、然姑就人人所共知者言之、孟子七八月之間旱、此改月之証也。秋陽以暴之、此改時之証也。其他固有不可勝舉者矣。故武成之癸巳者。春正月之三日。戊午者。春正月之二十八日也。

補後庸蜀羌髳

○書金縢史臣記周公告三王以身代武王之事也。其事秘

即太公召公亦不知之及成王因大風之變啓金縢問之十
乃知其事時周公東征未返成王念公以身代父至今始知
感泣加禮而後人亦因是始知有金縢之事故史臣記之于
策以傳後世無非始終金縢一事其中及管蔡流言者以
啓金縢時公為管蔡之事東征未返故畧叙情節以為過
脉非專為管蔡記葢管蔡之事自有大誥正文不必于
此又加纏擾也乃讀者不察遂以為管蔡流言成王致
疑周公避位居東二年之後始知流言為管蔡而王疑猶
不釋直至啓金縢方始迎公然後三監叛周公復東征乃

得管蔡而誅之此不特于時與事俱不相合即金縢一篇亦錯解矣今試取金縢之書而讀之其曰武王既喪者承上乃瘳之文也流言于國明曰管叔及其群弟而乃遲至二年始知其人可乎管叔流言即已叛矣焉有待之二年之後之理萬一成王終不反周公則管叔遂不復畔乎天下惟有罪之人始稱罪今流言未審虛實使公果不利于孺子方將以流言者為功而又何罪其曰罪人斯得者得其人之罪而誅之非得知其人而罪之也家語所云武王崩而管蔡霍三叔作難周公相成王東征之二年罪人斯得是也于後者

于得罪人之後也作詩貽王者欲王思患預防恐頑民之再畔也蔡傳明曰以鴟鴞比武庚之敗管蔡及王室而猶曰罪人斯得為方知流言之人則管蔡至二年之後始畔乎主亦未敢讟公者以詩意深遠未能遽喻也此皆畧叙情節以起下啓金縢之正文也書中曷嘗有疑公一字及疑公之意哉自鄭氏誤解辟字而宋儒從之紛紛其說然亦思此二句者告二公之言也其曰我之弗辟者即自以為功之意也夫焉知周公之不告王而遽興師以誅之耶然吾知周公之必告王也以大誥之稱王命則知周公之必告王也若以将

避位而告二公則周公之告也為公乎為私乎為公也則必有後命也我既去王室之事在二公也而周公無是言也無是言也則是私也冀二公之因而留己也此王莽之術也周公其為之乎東征甚久故曰居東詩所謂自我不見于今三年者居東二年自出與返合而計之則三年也今居東二年而管蔡始叛管蔡叛又東征三年則五年矣周公七年致政而五年始平管蔡乎居東二年而管蔡始叛而即于是年平之則詩所謂東征三年者妄也因辟位一言而致周公行事詩書遺文俱不可解說舉一廢百之道也

補 後乃元得其一偹

衛康叔之封出于成王而非武王在在有之左氏祝鮀曰武王克商成王定之周公相王室以尹天下分殷民七族命以康誥而封于殷墟寧武子曰不可以間成王周公之命祀此以衛人言衛事最近而不誣者史記周本記則曰周公奉成王命誅武庚收殷餘民以封武王少弟封為衛康叔周公初作大誥次微子之次康誥酒誥梓材于魯世家則曰周公奉成王命殺武庚收殷餘民以封康叔于衛于衛世家則曰周公旦以成王命興師伐殷殺武庚祿父以武庚餘民封康叔為衛君一言之不足而再三言之然則康叔為成王時

封康誥為成王時作無疑也蔡傳乃以康誥篇首四十八字為洛誥脫簡遂疑成王誥叔不當稱弟若謂武王尤為非義且康叔不當至此時方封其言甚近于理不知康叔在武王時已封于康為畿内諸侯作周司寇矣至是欲營洛邑遷殷頑乃以其餘地餘民封為衛侯出就外藩非前此尚幼武王猶有未封之弟也今以康叔為未封則亦試思康叔之康果何義乎語詞之稱弟者非成王弟之亦非武王弟之也周公攝政實假王命然亦有周公自言者貽篇首先繫以周公此篇與多士同一例多士之篇首曰周

公初于新邑洛用告商王士則周公告之也其曰王若曰者假王命也而實周公自言成王此時未践奄也三監之叛實周公征之其曰昔朕來自奄予大降爾四國民命朕者周公自朕也康誥之篇亦然曰周公咸勤乃洪大誥治者周公誥之也曰王若曰者雖假王命而實周公言曰朕其弟者周公弟之也寡兄朂者周公自朂也其曰惟民不靜未戾厥心迪屢未同爽惟天其罰殛我正指殷頑而言所謂寡兄朂者此也其曰乃服惟弘王助王宅天命作新民者望其輔寡兄以共朂也使以為武王言則此数語俱難通

矣蔡傳欲移于洛誥之首夫既曰周公咸勤乃洪大誥治矣又曰周公拜手稽首頭上安頭不已贅乎但書傳謂四年封康叔五年營洛邑然營洛邑在七年而康誥亦曰周公初基作新大邑于東國洛則因作洛而封康叔其時其事猶較然不可易者也

周公復辟將欲明農而成王留周公不得已而思出命公後始有元子代封一事而告二王作冊命盖以封國重其事也蔡傳乃以成王欲歸周命周公治洛謂之後者如後世留後之後則毋論留後乃後世亂政成王時決不宜有此名即以周事考

之周公何嘗一日在洛明年告多方即同王至宗周而告君奭、作無逸立政周官、直至薨于豐何一不在宗周行事、留後治洛。果屬何攝。且命周公留後治洛、此亦使臣常事何須作冊命告二王、如此慎重、厥後命君陳、命畢公未聞再舉此禮、又何故也、援之宋儒以周公無攝政事。欲附會復子明辟四字。故解洛誥一篇。支離瀾漫。不成文理。不知復子明辟與伊尹復政厥辟。先後一例。政不必以攝政二字為周公諱也。史記雖以伯禽就封、載之三監叛之前、然曰于是卒相成王而使其子代封于魯、則是要其終而先言之、非以此時即代封也。既誤解書文，不細讀史記，毋怪乎于周公之事闇如也。

周公三伐奄，一是相武王時，誅紂伐奄，三年討其君，孟子之文甚明。一是三監叛時，奄與淮夷同叛，周公東征，并平奄及淮夷，多士所云「昔朕來自奄，大降爾四國民命」是也。一是周公從王居洛時，奄又叛，淮夷、徐戎並與，周公從成王又伐奄，書所謂成王踐奄，遷奄蒲姑，多方所云「王來自奄，至于宗周」，伯禽作費誓，皆此時也。前後之序，不可不知。

書以多士繼洛誥之後，先營洛而後遷殷也。蔡傳乃以爲先遷殷而後營洛然多士序云周公初于新邑洛用告商王士而曰予惟時其遷居西爾爾小子乃興從爾遷則未遷之詞也多方曰爾尚宅爾宅畋爾田乃自時洛邑尚永力畋爾田則已遷之詞也洛誥中周公與王往復祇商遷殷之事而謂先遷殷而後營洛可乎

立政書首曰拜手稽首告嗣天子王矣則亦是成王親政周公致戒之詞也又君奭一篇史記疑公之言蔡傳已經闢過然玩書詞多周公自解語或是召公風周公明農而周公自陳已不可去之意則蘇氏之說爲近而蔡氏反欲移

召公身上與書詞不合

唐孔氏以爲周公遷殷頑民于下都，周公親自監之。周公既沒，成王命君陳代周公，此爲留後治洛造事之本。然成王還宗周，周公即與王偕還。觀多方稱周公曰、王若曰，可見嗣後作無逸、君奭、立政、周官，直至于薨，無不在王左右，何嘗一日居洛。孔氏所謂親自監之者，營洛是周公事，故以相臣遥制。殷頑服周公之德，自可安然，原不必親留其地。至公沒後，而人心罔屬，故特命官以尹之，則洛邑命官自君陳始也。篇中以周公爲訓者，直是說營洛遷頑之事觀畢命云惟周公左右先王綏定厥家毖殷頑民遷于洛邑密邇王室式化厥訓、而結之以惟周公克慎厥始亦止以遷洛式化為言、益知周公留治洛邑之說之妄也。

8

成王崩群臣皆冕服、蘇氏力詆以為非禮。朱子則以為漢唐新主即位。皆行冊禮。君臣亦皆吉服。蓋易世傳授國之大事。雖先君之喪。猶為私服。其說甚正。乃蔡氏作傳舍師說不遵。而反從蘇氏和說。何也。

舞干羽于兩階古者堂之前無階惟左右設兩階右為賓階左為阼階天子之尊亦惟兩階朝會燕饗則天

子立于阼階而以賓禮延其臣至秦中為甬道始亢然自尊而上下不交矣

營于桐宮古尚書注桐宮在湯墓側按劉向奏議云殷湯無葬處後世羅泌路史遂傳會其說考楊誠齋揮塵錄云殷湯葬寶鼎縣今汾州也註桐宮在汾州與寶鼎縣之說相合今祭湯陵于

庸蜀羌髳微盧彭濮髳即叟也音搜玉篇作鄋注狄國夏為防風氏周為髳漢之賓叟地在蜀之邊濮在楚西南伊尹為四方獻令正南百濮鄭語楚蚡冒始

啓濮、左傳麇人率百濮伐楚、通典有尾濮、木綿濮、文面濮、折腰濮、赤口濮、黑棘濮、爾雅南至于濮鉛、周書王會圖、濮人以丹砂、註云、西南之蠻、蓋濮人也。諸濮地與哀牢相接。今永昌有蒲蠻。其色黑、折腰文面。蒲。即濮。之變音也。

乃元孫某不若旦多材多藝此告三王之語而諱不名者楊慎以爲成王啓金縢之書親自讀之諱其父名口改曰某既讀之後史官始錄依王所讀遂邸曰某此說似近有理然金縢之策已書成文成王既發而得之史官自

當依策文所書記之于策不繫于成王之讀與否也葢周公爲君諱名自是臣子常禮雖對三王亦不敢廢非如牧誓武成武王自言則必稱名無有自諱已名之理也

經義考異卷三

毛詩

卷耳郎蒼耳、今人麴蘖多用之、或曰一名苓、郎甘草也、其用不足以供麴蘖、何乃煩后妃親采為、朱註以為託言、則不得為賦矣、且君子而曰人、人者疏之詞也、安有君子而人之也乎、三陟在我固屬支離、郎移之文王、亦調停未當、永懷永傷、毋乃亦有出門惘惘、離別可憐之色耶、序以為后妃之志、不言其何志也、魯詩以為康王時詩、偽詩說作文王遣使求賢而勞之以詩、皆於詩言未甚穩合、若以為后妃思君子、則疑竇愈多矣、荀子曰卷耳易得也，傾筐易盈也，而不可貳以周行，似與小序求賢之旨相合，然則首章乃比也。

補後赳赳武夫一條

周禮媒氏中春之月會男女，于是時也奔者不禁，以為冬月不娶，則入春而已踰時也。故家語曰霜降而婦功成，嫁娶者行焉；冰泮農業起，昏禮殺于此。衛詩亦曰士如歸妻，迨冰未泮。然則桃之始華，非婚姻之時也，至是而于歸，男女不為以正，婚姻不為以時矣。且自華而實，自實而葉，皆于歸者，一之子耶，三之子耶。

補後何彼襛矣一條

朱子以周南、召南為周公相成王，采文王之世風化所及民俗之詩、以為房中之樂、則誠然、至言文王徙都于豐、分岐周故地、以為周公召公采邑、召公宣布于皆侯、而南方諸侯莫不從化、故得之南國者謂之召南、不敢繫于天子也、則其說有未當者。夫二公分陜。當在成王之世。而謂出自文王。未必可信。且文王亦西伯耳。召公為文王臣。安得復稱伯而布其政于諸侯。文王稱伯。而召伯亦稱伯。是甸侯而建國也。文王不自為政。而以巡行之權委之其臣。是文王為廢職。召伯為侵官也。況南國諸侯。與文王同事紂者。奈何遵召伯教哉。韓詩外傳、紀召伯在朝有司請營召以居。召伯曰、以吾一身而勞民。此非吾先君文王之志也。然則召伯之封召，信在文王後也。謂之召南者，屬召伯封內，召之南也。則召南諸詩以為文王之化，恐未免膠柱而鼓瑟矣。康王之誥曰：太保率西方諸侯入應門左，太保，三公也，故稱召公；率西方諸侯，方伯也，故稱召伯。是召伯之為伯，至康王時猶然。今甘棠之詩，居然以為召伯循行南國以布文王之政，文王不稱王，而召伯乃稱伯乎。

補後集貢易林條

采蘋之蘋，大蘋也。本草水蘋有三種，大者曰蘋，葉圓，闊寸許，季春始生，可糝蒸為茹；中者曰荇菜；小者水上浮萍。故毛氏以蘋為大萍，今改作水上浮萍，且以萍屬之藾當之，曾是藾也而可以

供祭乎

補後蔽以雷鳴一條

一發五豝、註豝牡豕也發彼小豝、注云牝曰豝、二者孰從乎然豝是牝豕、牡豕為豵。左傳鄭伯使卒出豵、盍歸我艾豵是也、

以麟擬公子猶可言也以騶虞擬諸侯不幾于狎大人乎且上言麟趾下承之以麟文法始不突上言葭豝而下忽承之以騶虞首尾衝決成何章法矣舊說騶虞甚詳而朱子必欲易之不知何所見也。

邶鄘皆衛風也其分之為邶鄘者何也邶鄘皆衛地因衛詩篇數繁多故以其地略為之分以便于簡策之書誦習之數亦猶

周之詩一也既有頌有大小雅又有王風又有二南因其體而多為之名要之皆周詩也或以為衛并邶鄘而有之故繫其故國之名則邶鄘始封既不可考衛并邶鄘又無可稽安從知之且邶鄘既有故國豈無故國之詩晉并魏而魏風無關于晉鄭并檜而檜風無預于鄭則邶鄘之非故國而衛之不并邶鄘亦從可知也

8

日者人君之象月則君夫人象也日月當明月亦不可虧今以日比正嫡月比衆妾衆妾勝正嫡則日微而月反勝于日月何嘗虧乎惟以日比君而以月自比覩閔受侮月之微也終風曀

陰日之微也惟其皆非常理故曰胡迭而微若曰是可怪也安
能不憂

○綠衣黃裏綠衣黃裳綠之得意也甚矣乃綠又有方爲絲者而
女又治之是女以綠衣之故而並寵及其絲也蓋指嬖人之子
州吁有寵而言也我思古人俾無訧兮思古人義方之訓弗納
于邪也

○胡能有定寧不我顧言心志回惑亦何能有定哉而何爲其獨
不我顧是怨之也何望之有曰是不古處之人何能有定耶豈
其終不我顧也幸其不定尚有轉移一定則恩斷義絕矣胡能

有定望之也

8 補後燕〻于飛一條

孟子曰凱風親之過小者也夫母以淫風流行故至不安其室其過不小矣天子有天下庶人有其身家一也天子有過至于將不保天下庶人有過至于不有其身而亡其家一也安得以天下為大而一身一家為小乎且其言曰母氏勞苦勞則不淫苦安思樂又曰我無令人莫慰母心則母之所以不安者我之罪也我而有令人則可以慰母心矣將從其母淫者為令人乎將不從其母淫者為令人乎從其母淫而母心慰矣子不得為令人也不從其母淫則子有令人而母心終莫慰也然則母之

勞苦者徒以我無令人故母氏誠聖善也母氏宜慈而過于嚴。則過矣。然其小者也。子不受教而反怨其母。是不可磯也。此其所以為不孝也。不然幾將以從母欲者為孝矣。

爰有寒泉在浚之下寒泉在下安能反滋益于浚是水逆行也以為有滋益于浚之人未見浚之下可以解作浚之人也夫寒泉者子也浚者母也浚入寒泉滔滔不息此母氏之勞苦也

我之懷矣自詒伊阻我之所思自遺阻隔夫惟阻隔故思思而反自遺阻隔則何如不思之為得也序以此為刺宣公之詩蓋深譏其不當懷也故又箴之以不忮不求亦戒其不可忮不可

求也為納仮之妻言之也

8

朱子註雉鳴當求其雄而反求其牡葢以為禽而求獸為非常理也然天下斷無禽而求獸之事雌雄牝牡雖分禽獸而亦有通用者雄狐綏綏獸亦言雄牝鷄之晨禽亦言牝則雉之求牡正求其雄也夫雉之朝呴尚求其雌則求其雄已非常理矣何必拘牡字以為異乎然詩之原本乃是求其牝。以音妣與軏押。言濟雖盈不使濡軏。雉之鳴當求其顛。亦深厲淺揭之意。若求牡則為女求男之比。與歸妻意上下矛盾矣。無羊章以雌以雄註曰雌雄禽獸也頎于此而不解何耶

○大風有隧有空大谷谷風陰雨怒象也蓺以沂之美在下體然無以下體也但有德音之莫違則亦可以同死矣誰謂荼苦其甘如薺愛而不知其惡也涇以渭濁湜湜其沚憎而不知其善也我之為梁施笱也亦既勤矣爾第毋逝毋發焉郎可坐享其成矣然我躬尚且不閱亦安能恤我後也昔者我之來也亦有如兄如弟之好而今曾不念也甚為新昏者危之也

○涇以渭濁涇不自知其濁而反以渭為濁悖者之悖固以不悖者為悖也宴爾新昏爾則涇矣如何反不以我為潔乎然而我梁我笱尚在也則所謂湜湜其沚者毋亦有可念者乎毋如爾

之禁止而不逝之發之也愛人者愛其屋之烏惡我者弃我梁我笱而亦惡之甚矣我躬之不閱也然我則皇然尚憂其後也何也淺深有無之故我固稔知之也

○○胡氏傳引式微詩、式微君之故、式微君之躬、與朱傳異、蓋指衛言也、彼既不有君之故、不有君之躬、則何爲乎中露泥中、徒受其辱而不歸也、若曰我以君故而同受辱、則見辱于人、而反懟君、非臣誼矣、

○萬與舞自當有别、春秋傳將萬焉而振萬焉、此萬也、羽籥干戚之舞皆萬也、豈子手之舞之詩辭言舞禮記言勺舞象皆舞也徒

8

舞者也然專言萬則可以該舞春秋萬入去籥是也專言舞則亦可以該萬論語八佾舞於庭是也兼言萬舞則萬是萬舞是舞詩方將萬舞萬舞洋洋是也其言萬舞者猶曰萬之舞非徒舞也不然言萬復言舞重出不倫矣。大戴禮萬干戚舞也然左氏將萬焉而繼以問羽數則以萬專指干戚者非是且下章亦有執籥秉翟語也

問我諸姑遂及伯姊朱子以為郎諸姬固非毛西河以諸姑為夫之女兄弟、伯姊、則或戚里中之長己者、然左氏曰、姊親而先姑、戚里中之長、不得云親于姑也、考杜註問作問遺之問蓋云女子有行、遠父母兄弟、則但當遣使問遺我諸姑及伯姊而已、謂父母終、則使大夫寧于兄弟者禮也

○莫黑匪烏烏也非鵶也烏與鵶相似而實不同純黑反哺者謂之烏小而腹下白不反哺者謂之鵶今曰莫黑匪烏則是烏也鵶有白不得為黑矣鵶卽鵶

○二子乘舟伋壽既死而思之其曰乘舟者托詞也若曰二子何在乎蓋乘舟而影已逝矣是以始思之而中心養養與泛泛者同其不定也再思之而曰不瑕有害疑其逝而不得其由也使若二子乘舟而化去者然又若真渡河而不返者然一為二子悲一為宣公諱也不然夫豈不知二子之不同行且未渡河而死于隘也

○補後鶉之奔奔一條
匪直也人秉心塞淵騋牝三千朱子解非獨此人所以操其心者誠實而淵深也蓋其所畜之馬七尺而牝者亦已至于三千之衆矣詞意糊突不見明晰因又有以人指民言者亦為牽強若曰匪但是人也彼其秉心塞淵即馬之騋牝者亦三千矣先言匪直也人而後言秉心塞淵此倒裝之文也與何彼襛矣章法同一例

8

朝隮于西崇朝其雨朝隮上不言雨而曰方雨虹見明是崇朝其雨而必曰終朝雨止則以有俗謂虹能截雨一言作確証也豈詩言反誤耶夫虹能截雨者晚虹也諺有曰晚虹而雨止朝

虹而雨起、朝隮而雨、俗語詩語皆不誤也、

○既不我嘉爾不以我爲嘉也視爾不臧我視爾爲不臧也爾不我嘉郎許人尤之意也視爾不臧郎衆穉且狂意也若曰視爾不以我爲善則與不我嘉意重之又重成何文理矣

8綠竹如簀、簀簟也、竹之密似簟也、檀弓華而睆、大夫之簀與是也、若以爲棧、則棧之訓棚也、閣也、蜀之棧道、有棧之車、未見其爲密比也

8補後猗重較兮一條

小序氓刺時也亂離之時女子不暇擇人情急遽委身偕同甘苦至于色衰而見棄此可以見風俗之衰而禮義之失也氓者異

方之民也蚩蚩無知之貌只此四字便寫出出狂且情態且以見
土著之民流亡殆盡故異方無賴得以有挾而誘懷春之女蠶
桑婦人之職有絲可貿夫亦食貧自力而非休其蠶織陌上閒
遊者乃一見而即與之謀毋亦有窺其不得已者乎謀之而不
即許固已送之出門矣頓復以愆期動之夫愆期則誠可悲也
然而非我愆期也子無良媒雖愆期亦不敢奔耳夫淫者而需
良媒也乎乃不圖再拒之而怒也蚩蚩而敢怒則女之貧弱無
依莫克自立亦可知矣于是姑寬之以秋期蓋猶冀自夏徂秋
承平有日可遇良人豈意垝垣如故望復閑而不見者竟無載

笑載言之日也此種荒涼零落蕭條人事為貧家女更何以自存而不意蚩氓之以車來也蓋將遷我也然猶不敢遽從爾遷也必詢其卜筮之體何如夫易不可以占險曾淫奔也而需卜筮乎甚矣貧女之苦也初以為所遇者士也今而乃知其為蚩〻之氓也徒為士之耽者耳女之為其所耽者其苦果殆有不可說者焉昔為貧女今為貧婦三歲食貧其亦安之矣夙夜勤勞女德固不爽而言遂至暴何士德之二三也豈淫奔也而不爽乎頓于此不能無悼焉悼者何悼我之兄弟也昔亂離之日兄弟各散四方我之歸于蚩氓彼固不知之至今日見棄而反

笑夫誰使我失身者不自笑而笑我我所以思之而自悼矣何也我固總角者也總角則未許嫁未許嫁之女父母在則父母主之父母不在則兄弟主之今兄弟不恤我于未嫁之先而笑我于既棄之後曾不反而思之乎然而猶可以已者不知故也然則氓之詩固貧女遇人之不淑而非淫婦為人所棄也于總角之語見之也

8 食桑葚之鳩、乃鳲鳩。曹風所謂鳲鳩在桑者是也。鳲鳩一名鵲鶌、郎布穀也。鶻鳩乃鶌鳩、大鷙鳥、以鶻鳩為食桑葚之鳩、非也。

、隰則有泮鄭註泮讀曰畔畔厓也按厓山邊也水邊亦曰厓古字通用後人于山邊加山為崖于水邊加水為涯今以厓為涯則水邊矣夫隰下濕也雖有水不得以邊為涯矣乃又曰高下之判泮既非判而高下之判又復非涯涯也泮也畔也于高下之判其義一無所當也

8 芄蘭序以為刺衛公也衛公者惠公也宣公卒惠公幼齊人使公子頑烝于宣姜故詩人傷之雖童子也而佩觿佩韘垂帶則亦君矣奈何其能之不足而有容遂之狀童子而有童心此詩人之所以刺也而説者乃反以為躐等也

8 童子佩韘韘字從韋自是皮物鄭氏所謂沓者是也今以為決

則決乃象骨所為于韋之義何居想今人多用決而不用韘故
指以為決耳

○河廣之詩說者皆以為宋襄公之母思襄公而作此本小序非
朱子所改原無可議頗疑者以為宋襄公立時衛已渡河不當
云河廣遂以為非襄公母之詩然此詩之說小序不誤而朱子
誤人信朱子而不細味小序遂致疑竇不改小序云宋襄公母
歸于衛思而不止故作是詩則此詩者宋襄公思母之作非母
思襄公之作也襄公母初歸而思之其時衛未渡河也故曰誰
謂河廣其曰誰謂宋遠跂予望之者自宋而望衛非自衛而望

宋也其不言衛遠而言宋遠者言衛則顯然思母恐其有傷于父之志也然則說苑所載襄公借勇省母之事不可信與曰襄公雖可至衛然至衛者其暫也思母者其常也此宋詩也何以錄于衛載馳者亦許詩也義繫于衛則錄之且宋無風故不得如渭陽之入于秦也

按萱草字一作蕿一作蘐皆從草為名未有作諼者萱草即鹿葱草一名忘憂草一名宜男草未有稱合歡者養生論曰合歡蠲忿萱草忘憂則萱草非諼草合歡尤非萱草也解見後補入

瓊固是玉之美者然曰瓊琚瓊瑶瓊玖則只當作美字用不必

是玉如以為兩物則報之以美玉美玉重疊無理且琚瑤玖各異而瓊終不異何也玖黑石次玉以為亦玉名者非也一說瓊為玉之光彩

朱子曰黍離降為國風而雅亡孰降之范甯叙穀梁以為孔子降之也夫季札觀樂時王已有風矣安在其為孔子降之也然則王何以有風曰詩有體風風雅頌者詩之三體也王既有雅有頌獨柰何不容其有風也顧王風何以獨始于平王前乎此者有之矣周南召南多文王之事何以不與旱麓清廟同列于雅頌則以其體風也豳風皆周公之事七月不異于文王東山破斧不異于泮宮何以亦不列于雅頌而特別之為豳風則以為

其體亦風也王之為風亦猶是耳今必曰降為國風則必黍離諸詩原列于雅而特降之然試取黍離諸詩入之于雅而淫泆咏嘆之識者必有以辨其不得為雅也以為平王之後而雅亡則泮宮閟宮皆魯僖之詩平王後無雅頌魯獨有頌何耶且即雅詩中如褒姒滅之周宗既滅諸詩其為東遷後作者正不乏也夫孟子所謂王者之迹熄而詩亡者蓋謂天子不省方太史不採風而列國所陳之詩亡也故聖人作春秋以記列國之事焉若以雅亡即為詩亡則是詩惟當有雅耳彼所為風者將皆不得為詩乎耶

○黍離一詩序曰閔宗周也韓詩云伯封作然不知何為而作曹植以為尹吉甫殺伯奇其弟伯封求而不得作黍離詩則是未東遷以前詩也而劉向以為衛伋見害弟壽閔之為作此詩毋論壽先伋死事實悖謬即衛詩亦何得竄入于王至朱子則以為大夫見宗周宗廟宮室盡為禾黍故賦所見以起興說本小序而竊取箕子麥秀之意以解此詩然箕子所云麥秀漸〻禾黍油〻此實境也今云黍離〻〻而稷方為苗則非實境而有所托之詞耳安得執為所見耶

○中谷有蓷以為婦人自述其悲歎之詞讀其詩殊不爾也曰有

女曰遇人蓋旁觀者代為嘅歎耳非自述也

○按中谷有蓷蓷即益母草與萑同若夫鵻則菼也草名初生為菼長大為薍成則名萑又名鵻似葦而小故成則名萑字當從萑以萑誤萑遂以萑誤為鵻矣詳見八月萑葦條

○有兎爰〻朱子以為周室衰微諸侯背叛君子不樂其生而作此詩夫周室雖衰君子何至便欲尋死兎爰雉離所指謂何序曰閔周而疏引繻葛之戰以兎喻鄭人雉喻周人亦未有以見其必然也偽詩傳以為萇弘見殺國人傷之作此詩西河毛氏頗然其說但以殺萇弘在哀三年當孔子删詩之後恐時世不符

然哀三年孔子尚未删詩也不得援此以闢其誤細玩詩意大與巧言巷伯相類亦淫刑不當而逢罹者自訴之詞耳

罦覆車也翻車網也郭璞曰大網有兩轅中施罥以捕鳥則覆車宜如網字為是

葛藟一詩三呼終遠兄弟蓋為遠兄弟而親他人者風也序以為九族刺平王其為戍申戍許而發耶

丘中有麻以一婦而思二人又疑有留之者既淫且妬雖鄭女不是過矣然而序曰思賢也采葛懼讒而此詩思賢皆改以為淫奔王風且然宜鄭衛之不免也

○叔于田巷無居人非愛叔惡叔也叔一出而居人飲酒服馬皆無焉則叔之威福恣睢于私邑何如也然其言美且仁何也曰豈無居人乎但無如叔之美且仁何耳美者不美也仁者不仁也譽之也風之也畏之也

○袒裼暴虎獻于公所刺公也有弟不能教以義方而縱其暴虎且躬受獻乎將叔無狃戒其傷女刺叔也女之所狃者乃暴虎乎是亦可傷矣女者賤之之詞

○乘〻鴇註驪白雜毛曰鴇今所謂烏驄也按鴇從馬非從烏從烏者鳥也肅〻鴇羽是也

○翺翔解者曰遊戲之貌然則當遊戲而往弋取鳧鴈而歸可乎夫翺翔者鳧鴈之翺翔也將曉則羣鳥先起善弋以射飛爲能一以見其時之早一以著其藝之工也

○叔兮伯兮倡予和女叔伯男子之字也則不知叔伯爲一人耶兩人耶則不知男子之字叔耶字伯耶則不知女子之所思者思叔耶思伯耶抑叔伯兩有所思耶然而叔兮伯兮靡所與同鄭衛同一淫風何衛之叔伯獨不如鄭之叔伯也而丰之詩曰叔兮伯兮駕予與行何鄭女之所私者皆叔伯乎

○維子之故使我不能餐兮蓋實言爲子之故而不能餐也今解

之者曰悅己者衆雖見絶未至于不能餐是淫女尚未淫鮮之者乃淫愈甚也

○淫詩至褰裳極矣豈復成詩豈復成人哉然非詩之淫鮮之者之淫也今姑妄言之子惠思我則當褰裳涉溱以就我然子不必我思也子豈無他人使君自有婦也我豈無他士羅敷自有夫也甚矣狂童之狂也溱洧不可以褰裳涉而子乃欲思我乎哉

○補後朱權一條

東門之墠茹藘在阪此所與淫者之一家也東門之栗有踐家室此所與淫者之又一家也何也前之一家有墠有茹藘有阪

未見其有栗有家室也故曰又一家也然而人遠且不我卽也則未知其果與淫焉否也

○終鮮兄弟維予與女無信人之言人實廷女詞明而意切世之信讒言而踈骨肉者讀此當泠然汗下矣乃以嗣爲兄弟一語據爲左証强坐以淫夫兄弟者婚姻之稱也曾淫者而有婚姻之好也哉

○野有蔓草、蔓草名、葛屬也、以爲蔓延之草、是何草耶、

補後簡卽蘭一條

匪鷄則鳴蒼蠅之聲此亦賢妃之言言非鷄則鳴也卽蒼蠅亦有聲矣豈未晚與非東方則明也豈月出之光耶尚安寢與不

然以蠅聲爲鷄鳴者妄也謂蠅聲先鷄鳴者惑也忽述忽斷忽斷忽述雜亂無章非體矣

○青蠅亂色蒼蠅亂聲其曰蒼蠅之聲者以爲此非鷄鳴也乃亂聲耳必實指以爲蒼蠅則聞之者多矣然觀下章有蟲飛薨薨語郎實以爲蠅聲亦無不可

○冠緌雙止、緌冠之纓、結于頷下、而其餘下垂者、非冠上飾也、又

●爾雅婦人之褘謂之縭縭亦緌也帶也、乃引施衿結帨亦非也、衿、衣領、帨、手巾也、

既曰我聞有命不敢以告人矣如何又公然告人也此非欲隱

之乃彰之也告則不告而告過畢矣

○檀寘河干無用之材也不稼不穡而取禾三百廛不狩不獵而庭有懸鶉以其取民之物為己悉矣素餐伎倆大抵如是稱君子愧之也

○補（後按碩鼠一條）杕杜與有杕之杜皆唐風也然杕有兩解一木獨生也一木盛貌杕杜之杕當從木盛解以下有其葉湑湑句也有杕之杜當從獨生解以比孤弱也今以杕杜之杕解為特字則與上下句意不相屬矣

○葛生蒙楚此悼亡詩也野之（與）域即後日之居與室也過墟墓而

生哀覩故物而嘆息予美之亡此惟有地下可以相從耳婺婦啾唧之聲宛然可念既曰亡此則非陌頭之望有室可歸亦弃異于深閨之夢矣◎

采苓序以爲刺晉獻公也二五之耦夜半之泣讒人之言信而不能舍不知其于人言果何所得耶然而獨言首陽何也夫首陽固伯夷叔齊餓死之地也夷齊爲讓國而逃以其父有偏愛故耳爾父信讒死而不孝不如逃之則有首陽之故事在采苓于首陽不若采薇于首陽之爲信矣舍旃舍旃一顧聽讒言者舍旃一顧懼讒言者舍旃也

○秦風首章曰未見君子寺人之令其次章曰公之媚子從公于狩開國之初便以寺人媚子出入左右秦之為秦從可知矣然秦俗尊君抑臣與君並坐葢無此禮君子非秦君也若曰吾未見有君子也第見有寺人之令而已吾既見有君子也第使之並坐鼓瑟而已秦君之待君子何如也秦國之為君子何如也公曰左之舍拔則獲謊遇之獲禽也輶車鸞鑣載獫歇驕乘軒之使鶴也皆詩人之微詞也

○三良從死罪穆公罪康公罪三良紛如聚訟然言之亦皆似有理朱子乃以為無明王賢伯以討其罪故殺人不忌至此是許

欲罪及天子方伯、攀扯蔓延、羅織愈廣矣、

○鴥彼晨風歸于鬱然之北林非也以晨風之遠颺與君子之未見以北林之鬱然與憂心之欽欽也若如解說則宜云集于北林不得以兩彼字對峙為文

◎與子同袍、袍、襺也、按襺新着綿衣、纊為襺、左傳三軍之士皆如挾纊是也、縕為袍、縕、舊絮也、論語衣敝縕袍是也、則襺非袍也○然袍長襦也○即縕亦不得為袍、解○故曰縕袍也○

○補後夏屋一條

值其鷺羽註值植也按值之解遇也逢也當也又持也植之解、立也置也栽也以值為植則將以立與置與栽解之皆于鷺羽

不合以持解之則不必多植字一轉然亦非持也蓋言無冬無
夏遇其鷺羽耳

卭有旨鷊按埤雅鷊綬鳥也爾雅虉綬也解者謂小草雜色如
綬也今無草字自當從鳥解上章以苕可食故曰旨雜色小草
未必可食不得以苕為例遂指鳥為草也　解見後補入

補後（鶗鴂一條）月令仲夏鵙始鳴郎左傳伯趙氏司至者也以夏至鳴冬至止
然則鵙非七月始鳴也陸佃云陽氣分而倉庚鳴可蠶之候陰
氣至而鵙鳴可績之候

萑葦與葭為一物初生名葭、故曰彼茁者葭、細葦為萑、稍大為蘆長成乃為葦、其花遇風吹揚如雪、聚地如絮、所謂蘆花者也。若蒹雖與葭同稱、恐别是一物、郭璞云、蒹似雚而細、高數尺、今人以為薕荻、故青徐閒謂之廉、雈葦之雈、當從萑音完、若萑則音追、是益母草、與中谷有蓷之蓷、自為一物。○大戴禮雚未秀為菼、葦未秀為蘆、則雚葦乃是兩物。○

○凡此蠶織之所成者皆染之、皆以供上、然則終歲勞苦將不得一為衣乎、授衣之謂何也、蓋言染之而或玄或黄、獨朱色尤鮮明、獻之為公子裳耳、餘者蓋自以為衣也、不言公而言公子、不言衣而言裳者、野人之物不敢當君、姑以備公子下體之需耳、為公子裘、亦同此意、獻豜獨言公者、對私而言也十月而曰改歲呂氏以為三正之通于民俗尚矣周特〻而迭用之此膠柱之見也十月蟋蟀以下蓋通十月以後而究言之不必盡為十月事文法自然毋容另起爐灶若以不再言月便皆是此月之事則饁彼南畝者只在四之日矣為公子裳者必在八月矣郎十月中而為此春酒者此月也于茅索綯者此月也躋堂稱觥者此月也則以此下並不再言月也而豈其然乎哉

鬱及薁、皆果也、薁、郁李也、郎唐棣子如櫻桃可食、若蘡薁則藤也。又草名。藤與草也可食乎。補後蘡薁一條

○麻有子曰枲無子曰苴則苴非麻子也麻子可勝拾乎叔苴當與薪樗一類不必為食物且下章納禾稼內有麻不宜于此獨先言之也

○朱子于鴟鴞東山破斧諸詩言管蔡武庚及東征之事極為有見至其後與蔡沉書忽自悔其說之誤改從鄭康成說遂致蔡沈註金縢情節盡錯至今聚訟不休不知何見近代毛西河解詩則闢朱子解書則闢蔡沈然終當以朱子詩傳之言為是蓋讀書論世固若是之難也

○恩斯勤斯鬻子之閔斯周公之于兄弟也不藏怒焉不宿怨焉

仁人之用心也家門不造同氣相殘仰天椎心哀哉[illegible][illegible]孝子
之至情也
○捋荼之荼註作萑苕可藉巢者也按萑苕郎葤可為帚掃除不
祥不閑其可藉巢也考荼有三説苦菜名荼誰謂荼苦堇荼如
飴是也蔞葉穢草亦名荼以薅荼蓼是也茅草秀出之穗亦名
荼有女如荼是也捋荼之荼以為蔞葉茅草説皆可通若萑苕
則非荼也亦非萑苕也○大戴禮荼、藿葦之莠為蔣褚之也則荼乃藿葦之莠○
○補後東山條
前言果臝之實熠燿宵行有敦瓜苦皆秋時景物也乃倉庚于
飛又以為賦時物以起興則與前章情景不符且又以倉庚飛

為昏姻時夫倉庚鳴而蠶事興已入摽梅之候豈為昏姻之時

哉古者霜降而嫁娶行焉至冰泮而止秋盡至家正值其吉故

因念及于歸之事而以倉庚起興蓋以倉庚之于飛興之子之

于歸而以熠燿其羽興其儀之盛固非以其為昏姻時亦非賦

時物以起興也

補後跋腹下一條入

古流言而我遘行東征犯天下之疑忌而不辭此所以為公

孫碩膚也然而公之心自可無愧故能赤舄几几未久而事亦

大白則德音終不遐矣若避位居東則名為孫而實欲自取孫

善名非碩膚也且憂讒畏譏即與狼之跋胡疐[illegible]安在

其能几〻乎

○蕨以雷鳴出土乃可食其芽薇也初生萌甚微故曰薇以其根為粉曰蕨萁以土茯苓雜之則性寒多食病臃腫或謂蕨以猿啼而生每猿一聲蕨生萬莖故食蕨能使人悲而夷齊食薇三年顏色不異益薇美而蕨惡故昔人多采薇而少采蕨召南采蕨非止感時物亦起憂悲之端小雅采薇供同此意、

○鶉之奔〻注鶉鷂屬考鷂與鶉其形相似鷂色黑無班始由鼠化終復為鼠夏有冬無鶉毛有班點始由蝦蟇化終以卵生四時常有今通呼為鷂鶉性好鬭鬭以食奔〻狀其鬭之盛氣而

奮怒也。

萱草即鹿葱俗名黄花菜味甘而微苦先食其苗次食其花可以和胃可以忘憂合歡樹枝葉若枸繫然互相交結風至輒分解一離一合狀若有情故名合歡華兼紅白色有絲茸甚香佩之可以蠲忿秋實作莢子極薄細其葉至暮即合一名合昏亦曰夜合蕋夜合花其花夜合合歡木其葉夜合性各不同萱草與合歡較然兩物其不可混而為一也明矣。

朱槿一名日及亦曰舜英插枝即生自仲春至仲冬一叢之上日開數百朵朝開暮落色深紅五出大如蜀葵以[illegible]醋食

之能美顏潤血故鄭詩取以為比、
○蘭即蘭溱洧士女秉之以祓禊、此蘭古謂都梁香、本草以為大
澤蘭、其花葉皆香、而燥濕不變、故可刈而為佩、凡香草皆然、今
之所謂蘭者、花雖香、葉乃無氣、又其花質弱易萎、皆非可刈而
佩者、斯乃蕙也非蘭也。沅澧所生、在春而黃、在秋而紫、秋紫之
芬馥、勝于春黃、然則蘭即澤蘭、註以為莖葉似澤蘭、則又是別
種、不知何物、
○按碩鼠狀如兎色白嗜食芭蕉蘿葉四十日一胎子產一日即
受孕雌者多黑褐色而小南方所在常有此物頗閑理亂以少

為貴魏風所憂不僅以比貪殘之政已也

○旨鷊一名綬鳥其綬藏于咽下小囊每吐之爛然文錦以自娛粵中有真珠雞體有珠點文能反哺亦曰孝鷊每春夏天晴氣爽則鼓翅而舞口中徵出物如錦綺長數寸漸長覆胸爍然眩目頃之漸收入喉中剖之無所有也大如鸜鵒頭頰似雉有錦囊在臆前大如斗許具五色一名錦帶功曹一名吐綬亦曰綬鷄能辟火災是鳥之有綬者即名鷊故草之綬者遂加草為虉也

○鵜鶘一名淘鵝曰逃河者淘鵝之訛註以為俗[illegible]則又訛

中之訛也淘鵞其大如鵞能沉水取魚或竭小[illegible][illegible][illegible][illegible]下有皮袋嘗盛水二升許以養魚隨水浮游每淘河一次可充數日之食俗又謂之水流鵞云、

◎蘡薁藤也有山葡萄一名蘡薁其葉細梟花紫白實比葡萄而小色赤味酢可為酒八九月熟菜亦有名藤者以其蔓生如藤故名藤菜一名落葵蔓葉柔滑可食味微酸宜以羮魚然此皆南方之物與幽人風土不相宜且于時令亦復不合不可取以解詩也、

◎螢腹下有火數日能飛者茅根所化為螢其長如蛆尾有火不

能飛者竹根所化為熠燿螢飛而熠燿行故曰宵行螢夏秋始飛熠燿四時俱有或謂熠燿即放光蟲如百足而小夜緣屋壁身有火色雜紅緑以手觸之成粉〻所著處生光逾時不滅其光生于鹹〻故作火光也螢亦濕熱所化腐草與陽氣相蒸故生焉然則熠燿蟲名宵行非蟲名也熠燿尾有光非喉下有光也

○何彼襛矣之詩列于周南然考文王之時齊尚未封安有齊侯之子即武王元女太姬下降于陳亦非齊侯之子此詩所咏益春秋中莊公元年所歸于齊之王姬也其曰平王之孫則桓王

妹莊王之姑也車馬之盛詩人誇焉嫁送之禮春秋詳而必其有異于他王姬者也然則春秋之詩何以錄于周南事不合雅又不宜降風則附于周南孫從祖之義也。

東山周公勞東征歸士之作也朱子詩傳甚明而破斧章論其事極為有見蓋朱子初作詩傳原以鴟鴞貽王在誅武庚之後故其解如此至後與蔡沈書忽自以為誤改從鄭說遂致前後自相矛盾然觀詩所云自我不見于今三年又零雨其濛熠燿鸛鳴諸語適與書中秋字風雨時景相映益以信居東即東征非避位也。

夏屋渠渠、古註、屋、具也。字書、夏屋、大俎也。周有房俎。魯有大房。益以俎足間有橫。下有跗。似乎堂後有房然。故以為名。夏屋之義。或亦有取乎此也。禮童子幘無屋。其義亦同。以下每食無餘及四簋之文觀之。其為俎也。明矣。不然。上言居而下以食應之。前後兩橛、成何文體、

赳赳武夫公侯干城春秋傳晉郤至聘楚辭饗云百官承事朝而不夕此公侯所以干城其民也故詩曰赳赳武夫公侯干城及其亂也諸侯貪冒侵欲不已爭尋常以盡其民略其武夫以為己腹心故詩曰赳赳武夫公侯腹心一詩而分為兩時兩事

古人解詩不拘常法殆亦斷章取義之意耶又墨子尚賢篇文王舉閎夭泰顛于罝罔之中授之政而西土服亦可為此詩之一証、

焦貢易林有云惄如旦饑即愁如調饑之意故韓詩作朝飢言朝饑難忍也又曰大樹之子百條共母當夏六月枝葉盛茂鸞鳳以庇召伯避暑蓋言召伯避暑于甘棠之下也古說如此今乃謂召伯聽訟甘棠之下毋乃褻方伯之體乎

猗重較兮毛萇曰重較卿士之車孔穎達曰倚此重較之車實稱其德也周禮輿人注云較兩輢上出軾者今之平隔也詩

詁云車廣六尺四寸深四尺軾去輿高三尺三寸較去式又高二尺二寸較式通高五尺五寸蓋古人乘車立乘不坐平常則憑較若應爲敬則落手憑下式而頭得俯較在式上若兩較然故曰重較輢是兩邊植木較横輢上輢兩而較一也、

燕燕于飛衛莊姜送歸妾之詩也禽經云烏向嚏指背栖燕指飛向宿故曰下上其音差池其羽皆指背飛之義送别之情也、

○

經義考異卷四

毛詩

補後季札觀樂一條

○四牡序以爲此勞使臣之來而叔孫豹亦言所以章使臣之勤則是使臣甫至而君勞之如郊勞之勞乃閔其勞而慰安之不必在燕饗時作盖燕饗則鹿鳴之嘉賓即使臣亦可通言也此使臣指外國之來者故曰豈不懷歸〻〻者歸其本國也皇〻者華則遣使臣之詩是內臣出使者方使而君遣之故曰駪〻征夫而叔孫豹亦曰君教使臣也

○皇〻者華黃白色曰皇與皇駁其馬之皇同皇而又皇言其多

也。皇、無、煌、義。煌者光煇炫燿貌、與華字頗不相宜、朱芾斯皇。亦宜作黃白鮮、芾天子純朱。諸侯黃朱。郎下君王意。白其質也。此只是皇。又解以煌煌。何也。

常棣皆以為周公之詩。而左氏以為召穆公思周德之不類。故糾合宗族于成周而作詩。左氏與孔子同時。其說當必有見。杜預註左氏以為周公作而召穆公始歌之。此傅會小序之言。左氏固明曰作不曰歌也。鄂不郎萼跗花萼之跗也。以不為豈不者。亦本杜說。然杜說花以覆鄂。鄂以承花。則鄂作萼解。故唐人花萼樓蓋本于此。不聞其解作鄂然外見也。且鄂字本與諤與

愕同並無鄂然外見之韡韡盛貌以為光明亦與華字意義不屬大戴禮君子出言以鄂鄂戰國策作諤諤其義一也

○寧適不來微我弗顧言豈無有適不來者乎但無于我而不顧也不來者飲酒之常而于我則欲其無之絕其不來之端而要之以必來也

○補（後薄以壓竹一條 羣黎民也）百姓百官也古者天子賜姓惟有爵者得受姓于天子故曰振振公姓堯平章百姓而又曰黎民於變時雍則百姓與民自有辨若以百姓為民則與羣黎無異矣徧為爾德者言皆為爾之德即所謂則而象之也以為助爾而為德多此補救

反添蛇足如月之恒恒常也日只有出入故言升月則有盈虧故言恒升與恒皆取于易卦以爲義恒者久道化成意也升者積小高大意也

○出車大將以二事出一城朔方一伐西戎城朔方備玁狁伐西戎翦玁狁之黨也故曰王事多難維其棘矣此非戍役事畢即歸原無定期其曰昔我往矣黍稷方華蓋季夏時也華是吐華原無盛解今我來思雨雪載塗蓋冬時也塗者路也論語遇諸塗孟子塗有餓殍皆謂路也若以爲凍釋而泥塗則春仲矣拘泥塗之爲塗而不知雨雪之不可通也意者以還歸之前有春

8

日遲遲數語故在途必在解凍之時乎然尚有伐西戎之役未能竟歸則在途為冬歸家至春尚為神速之師矣乃有曲為之護者以為伐西戎乃室家料想之詞實無其事然其下章曰執訊獲醜則伐西戎之所得也玁狁倫之而已未用兵也何軍獲之有

詩之取興。各有意義。寄托遥深。不必指為實境。故與比賦有别者。離郎之間。彼此映帶。讀者自可會之于意言之表。今于采薇采芑、則曰因采以為食、而起興、于魚麗嘉魚、則曰郎所薦之物以起興、是戍役出門。已同西山之餓。方叔甫率。便已人馬俱饑且魚麗之燕。獻鮮已至六品。而嘉魚不足。庶羞且及瓠鱮也。有是理乎。

伐鼓淵淵振旅闐闐。此即陳師鞠旅之事。所謂治兵。非戰時進士卒也。鼓以進兵。教戰亦然。故伐鼓淵淵。則振旅闐闐。振旅。猶整旅也。闐闐。衆行之貌。方叔甫陳師。何遽言旋。振旅非入曰振旅之謂也。方叔率止。執訊獲醜。此方率以戰。若上既振旅。而此又率止。號令無節。恐非顯允之方叔矣。

之子于苗。苗。狩獵之通名。夫夏獵曰苗。冬獵曰狩。上言行狩。此言于苗。不宜冬夏稱名。混淆無別。蓋苗。亦地名。于苗地選徒也。

春秋傳晉以苗賁皇韓愈楚國夫人碑銘遷于南陽始自郎

苗〻苗之為地昭〻矣。

補後。莞叢生水中以永今夕夕對朝言暮也熊之大者二條夕之為義字從半月故夕皆為暮未

有以為朝者嘉客猶嘉賓也朝只半日故言逍遥夕將一宿故

言嘉客若以夕猶朝嘉客猶逍遥則今朝復〻今朝逍遥復逍遥

將毋如世俗所傳閔門閉户掩柴扉之句耶

補後爾爾候。閒閔弗問弗仕勿罔君子君子陳有啓明三條非指王也蓋言爾之弗躬弗親謂庶

民可欺庶民則弗信矣爾之弗問弗仕謂君子可罔然勿以罔

君子也爾但當平其不平之心已其所行之事無任用小人以

至于危殆如爾之姻亞皆瑣瑣者所謂小人也其可使之膴仕予弗問者不謀于衆也弗仕者不修其職也君子對小人而言謂賢士大夫也與下君子如屆君子如夷皆泛言在上者我王王訩乃直言王耳

○擇三有事亶侯多藏蓋言皇父之作都于向也擇三事之多藏者不留之以守王而併擇有車馬之富民皆以遷之于向也作此詩者亦在所遷之内故曰不卽我謀徹我墻屋又曰黽勉從事不敢告勞小人得志毒流縉紳豈止下民之孽也

正月東遷以後詩也曰赫赫宗周褒姒烕之夫詩之言褒姒者

有之矣曰艷妻煽方處曰哲婦傾城是其言褒姒也不敢斥言之也則以褒姒在故也斥言褒姒而曰滅之則其已然者也非慮其將然者也雨無正亦東遷以後詩也曰周宗既滅靡所止戾夫世固未有未滅而可言既滅者且其言邦君諸侯莫肯朝夕則直指諸侯之不王也戎成不退則直指西戎之逼處京師也謂爾遷于王都則直言東遷之事也信乎謂平王東遷而雅亡者誤也

○補後天夭是椓一條

小弁一詩趙岐以為尹伯奇所作小序以為宜臼之傅作朱子作詩傳闢序說改為宜臼自作其註孟子則又從序說迄無定

解然讀其詩及孟子之論則以為宜曰作者其理近正第朱子之解是詩尚多有未安者如歸飛提提以鷽之有歸興己之無歸也而解不及于歸踧踧周道鞫為茂草蓋言周室將亡諸侯背叛故其道鞫為茂草孟子所謂親之過大者所係全在乎此則此二句賦也今以為興而解為大道則與下之憂傷惄無着落矣維桑與梓于義亦當為賦然宜曰特不得于其父而必合母言之者瞻依二句概言大凡而不屬于毛二句則專指父也今亦以父母並言將毋申后亦在所怨耶伐木之掎解者以為伐木斧其前乃以繩繫木後從後牽倒之則掎乃掎角之掎伐

木者猗其後折薪者隨其理此事之常以興舍有罪而加之予
為反常之事也今以猗為倚而曰伐木者倚其巔不妄挫折夫
木旣伐矣而尚謂其不挫折乎莫高匪山莫浚匪泉蓋謂山高
矣而非高泉深矣而非深惟君子之言最為高深不可易發也
乃必加或陟其巔或入其底以為補救不特詩無此意恐于文
義亦未愜適也（○補後林邑有比一條）
為伋也妻者則為白也母幽王旣以褒姒為后則褒姒亦母也
曰靡瞻靡父靡依靡母言非父則不瞻之非母則不依之今豈
不屬于毛乎不離于裏乎夫母則固有然也父兮生我其時安

在耶王者父天而母地天即父也盍言母雖非親而父則親甚
○不宜如是之待我也
亂是用餤餤餌之也盜言甚甘是亂之餌也其説較進字為長
○且與甘字尤有関合
○習〻谷風重〻大谷之風也以谷風興恐懼風及雨興予與女
也若以習〻為和調谷風為東風則下風之焚輪至于死草萎
木和風頌如是乎末章以風動山比大德草木比小怨註意亦
未明
○補後成是貝錦一條
四月維夏周正四月夏正二月也二月則其曰維夏何也以其

○

本非夏而在今日則維夏也六月周正六月夏正四月也徂暑者言自此而往則暑也惟是夏正四月故可言徂暑若六月則暑方盛而言徂作詩者為不知時節矣然則秋日淒淒冬日其烈烈何也言時則七月亦秋十月亦冬故曰淒淒烈烈也日月方除註除舊生新也謂二月初吉也二月以夏正數之建卯月也夫夏正建卯之月則月方新矣曷云除哉且時尚未解凍下章又何以云煖也蓋二月者周正之二月夏正十二月也故曰方除猶今之十二月晦曰除夕是也輿者深也日月方深亦十二月也采蕭穫菽甫在初冬惟其昔年十二月往至今年

初冬尚未得歸故曰載離寒暑若二月至此暑則有之寒則未也

○鼓鍾毛氏以爲幽王時詩而王氏從之朱子引之韓詩以爲昭王時作而僞詩傳詩説遵之蓋以幽王無至淮之事至淮者必昭王也以三洲爲淮上地亦無可據或曰淮圍也謂四面皆水也水中可居曰洲

○以介景福介大也景亦大也然則以大大福也有是文理乎前此以介眉壽介助也則此以助大福云爾後又曰報以介福者報以所介之福也承上文言之也

○楚茨一詩備言祭禮天子之公卿即諸侯也故祭以牛羊其曰烝嘗者諸侯之祭烝嘗皆祫故不言禴祠而言烝嘗蓋舉其祫者言之稱孝孫者郊特牲所謂孝孫孝子以其義稱也稱曾孫某謂國家也孫者對祖皆可稱以其為祫故稱孝孫曾孫則止于對曾祖而已且以别于外事也次章既灌之後迎牲求神而迎尸也或肆或將者以毛血告幽全也祝祭于祊者求神于門內也此即朝踐禮也三節正祭之禮薦腥薦熟主人三獻主婦四獻及饋食合烹獻尸酬賓諸節備矣執爨者供熟牲烹肉截羹之用也俎者五俎之外有陪俎肵俎所以載牲體及鳥獸肉

也其器大故曰孔碩豆有朝事之豆有加豆所以盛野牲蟲物植物也其品多故曰孔庶四節酳神飲福受胙之禮工祝致告者儀禮少牢嘏告主人有皇尸命工祝承致諸語則祝傳尸命之詞也五節告利成送尸之禮。儀禮告利成者謂祭畢而養己係可以起矣此是諷尸使起而難以明言因託爲告主人以諷之鄭康成所謂利成之告禮之施于尸者則工祝致告乃告尸也以爲祝傳尸意者誤矣六節則燕私之禮中庸所謂燕毛者是也禮玉藻趨以采齊行以肆夏解者謂采齊即楚茨以內有禮儀卒度式禮莫愆之語詩之和者故取以爲趨之節然大戴

禮又曰步中采茨趨中肆夏行以采茨趨以肆夏二禮異同解者或終不得其意也

○信南山詩意與楚茨同而事與楚茨異楚茨祫祭而此乃禋祭也諸侯礿禋禘一禋一祫嘗祫烝祫故楚茨言烝嘗而此第曰獻之皇祖享于祖考楚茨稱孝孫而此稱曾孫楚茨之禮詳而此之禮稍殺焉其曰是烝是享者烝與享對則進解為是非冬祭也甫田大田之稱曾孫○則以祭方社田祖○外事也○禮外事曰曾孫其侯其○

○補後白露而一條

攘其左右嘗其旨否孰嘗之曾孫嘗之也言其上下相親之甚

也夫曾孫固不妨嘗旨否然吾未見嘗旨否者之爲曾孫也上文曰曾孫來則曾孫之來先饁者而來也既而田畯至則饁者至而田畯亦至也田畯至而喜喜而攘其左右嘗其旨否則嘗旨否者田畯耳非曾孫也

○大田非農夫頌美其上以答前篇之意蓋前篇祈而此篇報也前篇之祭在饁南畝求倉箱之前故曰祈甘雨介稷黍此篇之祭在利寡婦饁南畝之後故曰以享祀介景福篇中曰我曰曾孫者從述者而言非農夫自言猶前篇之我與曾孫亦非曾孫自言也

補後有渰淒淒一條

彼都人士　此東遷以後詩也。曰彼都者，所以見此都之不然也。

行歸于周　念周京也。

（補後綿蠻黃鳥一條）

之子于狩　言韔其弓，之子于釣，言綸之繩。蓋言之子所以不歸者何故耶？或者之子而于狩耶，則我願為之韔其弓；或者之子而于釣耶，則我願為之綸其繩。且又念之子之所釣者何也？意者維魴及鱮乎？維魴及鱮，則我願（從）而觀之矣。蓋遥擬之子之所為而恨不能與之偕也。唐人詩曰"妾夢不離江上水"，此詩前二章意也；"人傳郎在鳳凰山"，此詩後二章意也。

柞棫拔矣　拔者，拔而去之。柞棫叢生有刺，故拔去之而行道始

8

通也下柞棫斯拔亦同松柏美材故斯兑此兑直也直上而長也所謂天作高山。太王荒之者也。混夷駾矣維其喙矣亦太王事也。尚有王季。何得遂爲文王之時耶。

棫樸小序及朱傳皆以爲言文王之詩然大雅諸詩其言文王者皆以謚舉而此獨稱周王。且有壽考作人之語。則當作于文王尚存之日也。曰。辟。王。曰。周。王。可。以。見。受。命。稱。王。之。説。非。出。漢。儒矣。然而祭用圭瓚。師稱六師。則儼然天子之制。又恐文王未必遽有改制之事。毋亦當時通禮。而後乃定爲天子之制。如皋門大社類乎。

天立厥配謂賢妃也夫走馬胥宇之時已及姜女矣豈至是而始立之耶若以為推本言之則于上下文氣打成兩橛恐亦非體夫天郎帝也配者對也太王之德克配上帝故天立其配而使之受命固也

受祿無喪奄有四方葢皆言王季受大伯之讓而有國耳因祿非王季所宜受四方非王季所宜有故曰無喪曰奄有所謂篤慶錫光者此也下章乃實言王季之德而曰王此大邦克順克比始及其造周之事然此詩不及武王也今曰至于文武而奄有四方則下比于文王之句何以稱焉

不長夏以革毛傳云文王之德不以長大有所更革鄭箋云不長諸夏以變更王法呂東萊云不事侈大以變革程子云文王德化之速人之惡不待長大而已革也張橫渠云不以革命有中國也朱子語類云夏者大也不尊尚强大兵革近毛西河云不以兵革爭中夏于義皆未當夫夫子引詩明云聲色之於以化民上句既明則下句可以類推聲色既為二事則夏革亦屬二事聲色可以化民則夏革亦可以化民但彼不大此不長之耳夏者夏楚刑也革者兵革兵也文王明德化民不長兵刑迥氣也

凡學天子曰辟雝諸侯曰泮宫禮記王制原屬漢儒之言明楊慎曾辨其非今觀辟雝與囿沼魚鳥諸物一體同樂則楊慎之言似亦有見

媚兹一人應侯順德言武王能繼文王以服事紂而天下所以應之者維以其順德此武王之長念孝思固明𢿱其能嗣文王之事也至于伐紂而有天下則聖人之不得已耳

后稷之棄益因始生之易如寤生之驚姜氏者無他故也若以為無人道而生子則郊禖之祀天子親往后妃禮天子所御于郊禖之前未有天子所御而無人道者也大人之迹雖屬荒唐

○

然亦不碍、其為神異或曰帝帝嚳也履帝武敏歆益姜嫄履帝嚳之迹以行疾敏以奉歆祀也牛羊腓字以腓字為芘愛夫芘則芘矣愛于何見之腓者足肚也字者撫也以足肚撫之也、誕降嘉種以下皆言今日郊祀之禮祭必用粢盛故推本言之今日之嘉種皆稷之所降也以歸肇祀始郊祀也故不曰稷祀而曰我祀我主祭者自我也郊冬祭軷祭行亦冬祭也過此則嗣歲矣若以此皆言后稷之祀而卬盛于豆以下乃言郊祀則舍今日、之祀禮不言而反詳言祖宗之祀禮為賓主倒置矣且邰有邰家室只言封之有邰耳姜嫄之邰在瑯琊后稷之邰在

武功東西迥異不必郎爲毋家况此句並無主姜嫄之祀意若
祀毋而不祀父句及之後尤非所以例后稷至于犧脂羝軷皆
周禮也而何后稷之祀之有、

○
威儀孔時君子有孝子威儀郎上章朋友之威儀有又通言朋
友之威儀固已甚時而君子則又孝子也孝子之思不竭則可
以長錫爾類矣類同類也子孫者君子之類也頴考叔以孝施
及莊公而君子引此詩以美之則以類指人而言也若以威儀
爲汝之威儀而孝子爲君子之子則同一威儀而上下異解各
章皆蟬聯而下而此章意獨不屬固非文體且君子既有孝子、

矣而下文又祝之以永錫祚胤將毋目前之子不得為子耶
君子之車既庶且多君子之馬既閑且馳以為承上章之興而義又不貫以為車馬足以待賢而意又不明繼之矢詩不多而詞又不屬天下固無此割裂蒙昧之章法文體也此蓋與首章為起結之詞若曰君子之車馬多而且馳矣卷阿之遊蓋將歸矣老臣不敢多言僅止此以遂歌云爾

民勞序以為召穆公刺厲王之詩。而朱子以為同列相戒之詞。然考其詩皆為王言。未有以見其為同列相戒也。所疑者以章內三用王字為未必為王言耳然首章以定我王指王室也

三章以為王休言無棄爾之成勞以為王者之休如所謂成王
之孚也末章王欲玉女蓋呼王而告之以致屬望之意若曰王
乎吾蓋欲玉女也是以用此大諫耳始終皆為王言之也、
管〻無所依也靡聖管〻其心以為無渡聖人但恣己妄行而
無所依據夫靡聖者非聖也、以為無復聖人可乎、又以恣己妄
行加于管〻之上、如此補救費力多矣、管者小也、猶管見之管、
蓋曰非聖而無不通也、但管〻焉而小見耳、
無為夸毗夸大毗附也卽此二字小人伎倆已盡矣又必曰以
大言夸之以諛言毗之節外生枝是亦不可以已乎、

○攜無曰益夫攜之無曰有以益之也因其所固有者而啓之牖民固甚易耳無曰益○非無所費也○益者益人也○費者費己也○費者損也○非益也、

○視爾友君子輯柔爾顏不遐有愆言視爾友于君子之時雖輯柔爾顏然亦當自省曰不遐有愆乎羣聚州處之中有獨也相在爾室尚不愧于屋漏暗室幽居之中有獨也此皆所謂不顯也、

○民之罔極職涼善背為民不利如云不克民之回遹職競是力蓋言民之所以無極而或主于信或善背者由于爾之為民不

利如不克故民之田適者職此而競用力耳民之未戾職盜為寇涼曰不可覆背善詈雖曰匪予既作爾歌然民雖田適猶未戾也彼其所以主于盜而為寇者蓋其心信曰不可則未免于反背善詈耳雖民之畏爾不敢明言而曰匪予然既作爾歌矣亦甚可畏也蓋隱指監謗之事也

○補後 按竹書一條

烝民一詩風仲山甫（崧高維嶽一條）非美仲山甫也仲山甫之出以城齊也夫惟天子建國乃命鄉士往營城邑故燕師完韓召伯營謝皆始封也齊則遷都耳以保傅之重承命而為諸侯役已屬非體況齊則尤有不宜往者齊自夷王烹哀公立胡公而公子山弒之

自立弒逆罪固當誅殺天子所立法宜加等而王室淩夷不能討也山傳子壽當宣王三年而壽卒子無忌立暴虐無道至宣王十二年齊人攻殺之而立厲公赤則是齊者篡弒之餘孽荒淫之暴主也仲山甫内保王躬外總諸侯不能詔王討罪而又阿諛順旨往為築城尹吉甫知其非而不敢明言也故託為送行之詩以風之其首章曰天生烝民有物有則君臣之義所最重也民秉盡然豈天生之仲山甫而不如烝民乎其二章曰仲山甫柔嘉而已令儀令色而已天子是若而已明命使賦而已所謂正色立朝啓心沃心者仲山甫無有也三章言其職也仲

山甫式百辟者也如齊者當何以處之毋乃愧爾之祖考乎爾
固保王躬而出納王命者也城齊之行吾見王命之出而不見
其納也可若何四章言其事也仲山甫將王命而亦知邦國之
有若否耶如齊者若耶否耶何不明耶今日之行以云明哲保
身則得矣夙夜其何以自安也夫柔不宜茹剛不宜吐此理之
當然齊者非矜寡而彊禦者也何為其畏之若是耶此五章意
也至六章而後乃微言之也曰衮職有闕惟仲山甫補之蓋城
齊之後固王之過舉而彌縫其闕者深有望于仲山甫也望之
不能亦無可如何而已故曰愛莫助之也不曰城齊而曰城彼

東方為仲山甫諱齊也曰徂齊而不言城齊為仲山甫諱城也式遄其歸以其役為可以已云爾穆如清風〻之微也善入微言以動之也徂齊非久役不必永懷奉使非遷謫昌言慰勞其曰仲山甫永懷以慰其心者毋亦仲山甫深慚于此行而有不獲已者故有永懷而藉是以慰之也此皆吉甫之微詞也故曰風也又按孔氏引史記齊獻公元年徙薄姑。都治臨菑而朱子以為當夷王之世。考史記齊無獻公。還蒲姑者胡公。在夷王之世。徙臨菑者武公。當厲王之世。孔氏朱子皆失于考據者也。

○補後韓奕詩一條

韓侯取妻因來朝而遂以取妻也蓋蹶父周之鄉士締婚于韓

韓侯入覲覲畢遂行親迎之禮先朝王而後取妻禮也故詩人因送韓侯遂并及其取妻之事蹶之里在畿内非遠地也不然

○因送韓侯入覲而預道其覲還取妻之事為泛而寡當矣、

不留不處三事就緒三事三農之事非也詩固有之矣（擇三有事）三事大夫莫肯夙夜蓋指在事諸臣而言天子親將諸臣景從所命者皇父程伯休父而已既命之後遂不留不處三事各就其緒而從天子以行也、

○鞫人忮忒譖始竟背豈曰不極伊胡為慝言婦寺乃窮凶之人其心忮忒以譖人為始以反覆為終其惡豈曰不極乎然伊胡

以為慝也則以君子之識之而任以公事也苐此等人實不宜識且不宜用如賈三倍小人之事也而君子識之則非君子之道矣如婦人休其蠶織而與公事則非婦人之職矣

○昔先王受命謂宣王也有如召公謂召穆公也日辟國百里謂平淮夷疆南海之事也維今之人不尚有舊蓋與召公共事若凡伯家父者皆宣王舊人其如有之而不用何也

○補後維昔之富條

假以溢我〻其收之言文王之德大以洋溢于我則我其當收之而速順我文王以與曾孫厚之而不忘也假大也駿者疾速也

○立我烝民立粒通按立遂其生也論語己欲立而立人立之斯立皆就民之生養遂而言則立我烝民非粒我烝民也立可以言養粒者米之粒也將欲米我烝民也乎、

○有萋有且追琢其旅萋且敬慎貌追琢選擇也夫詩之言萋且者有矣萋兮斐兮言其文也籩豆有且言其多也詩之言追琢者亦有矣追琢其章言其章也然則其旅蓋有文章者也追琢即敦琢、

○予其懲而毖後患解之曰何所懲而謹後患夫其者實有所指之詞也、以何所為其、只此兩字、而虛實之間、天壤懸隔矣、并蜂而得辛螫指管蔡桃虫而維鳥則指武庚也予十六懲此予而集蓼之日則又後患之當毖者益深恨流言之肆毒而尤懼小腆之不靖也此皆自懲自戒之詞。無延訪羣臣之意。蓋作于罪人斯得之後而鴟鴞受貽之日也歟。

○補後鸛鳴一條

思媚其婦有依其士媚順依愛也田間作苦何以順之而愛于何有夫媚者悅也夫見婦之來而思有以悅之依者倚也婦見夫之食而或有倚于其側者焉野人天性龐畔情形描寫如畫覺擧案齊眉正復多拘迂之態、

○綏萬邦屢豐年言其戡禍亂而定太平天人協應也以大軍必

有亡年克殷而年豐解之則綏萬邦反輕而屢豐年為重于下文克定厥家之意不相合矣且老氏之言甯子之對有為言之也必取以為屢豐確証則如湯之大旱遂不得為綏萬邦之業乎哉

我應受之孰我之子孫我之也文王之子則武王也文王之孫則成王也今其我者武王耶成王耶成王不應受文王也。成王不得往求定也。然則我者武王自我也。以為頌文武之功者誤也。

魯何以無風或曰成王褒周公之後比于先代巡守不陳其詩

是以宋魯無風然陳杞皆先代之後陳何以有風杞何以并無詩也王肅云魯文公時季孫行父請于周而令史克作頌四篇然行父請命經傳不載且魯頌四篇皆臣子頌禱之詞也豈必假寵于王靈哉然則魯何以無風曰魯未嘗無風也特其所傳者頌耳周公魯之祖也周南召南皆周公之事或周公所作而皆列于風則魯風之美可知也猗嗟敝笱南山載驅皆言魯事而附于齊以見則魯風之惡亦可知也夫風雅頌者詩之體也緇衣美鄉士而不得列于雅賓筵抑戒衛君自儆而不得列于風韓亦有國而韓侯取妻不必再立韓風召伯封燕而甘棠作

壽祺案行父請命事見毛詩小序

咏。不必自名燕國。故國名之或有或無。不必遍天下而陳之太
史。而為風為雅為頌。則各因其體而列之。不必其有所諱亦不
必其有所褒也。又有以魯頌為僭天子之制者。然頌之為言、美
盛德之形容也、故孔疏引太師註云、誦今之德廣以美之、而吉
甫送行、亦曰作誦、頌者誦也、自鄭玄解為容天子之德、後人遂
以為惟天子始有頌、而諸侯有之則為僭、曾不思風雅頌者。詩
調。與樂。調之辨也。七月一詩。而可以為風。可以為雅。可以為頌
則調之異也。魯頌之駉篇。似風而不風。有駜泮之句。似雅而不雅。
則以其調者頌也。且比興賦風雅頌者。詩之六義也。以東遷為

雅亡。諸侯為僭頌者。將比興賦之中。又孰為亡。孰為僭乎。泮宮言淮夷攸服。非虛願之詞也。蓋以僖公常從齊桓東略。故因以之自為功。亦猶閟宮之懲荊舒也。詩人鋪張揚厲容有言之而過其實者。惟福祿壽考。可以預為稱願。未有獻馘獻功言之鑿鑿。而可同于烏有先生之侈麗者也。

先儒謂魯僭郊禘。然閟宮之詩。祭不及禘而皇皇后帝皇祖后稷。朱子則解曰。孟春郊祀上帝。配以后稷。夫孟春者。祈穀之郊也。因稷為穀神。故以配帝。非祀始祖之義也。圜丘之郊。在仲冬。惟天子得以行之。祈穀之郊。通于諸侯。魯郊正于孟春。原非僭

也、

公車千乘、依司馬法一乘步卒百人、千乘當用十萬人、而下止言公徒三萬、則一乘不過三十人耳、解者以為乘不盡用、故徒從三軍之數而言之、然同在一詩之中、未有可以半虛半實鶻突行文者、故千乘實数、三萬亦實数也、

居常與許、常見侵于諸侯、未有所考、若許則是桓公以易于鄭者、以為見侵、亦失考據、朝宿之地、原不當易、故詩人曰、復周公之宇、蓋徵詞也、

商之有頌何也、是商之遺文而傳于周者也、其但傳于周者則

以微子封宋作賓王家統承先王修其禮物以二子之禮祀其先則必奏天子之樂故商先王之所用者宋皆得而用之又以傳之于周也其不言宋而言商者商頌非宋頌則安得不從乎商以為言也或以為宋王者之後故無風而有頌然宋之無風固也宋曷嘗有頌乎惜乎杞之無徵也使杞而有徵則雖存夏頌可也

○至于湯齊齊整也猶全也言自契以來帝命皆不違至于湯而乃全謂尊富饗保無一不備也何天之休何天之龍承上起下之詞若曰為下國綴旒何其天之休乎益以湯之能敷政故也

○○為下國駿厖何其天之寵乎蓋以湯之〻能〻奏百乃故也、
駿厖、大戴禮作恂蒙。言下國信蒙其福也。龍作寵。敷作傅。而解
以為此頌湯伐桀除災之事。然以詩觀之、下方言伐桀、則此亦
大槩言湯之勇耳、未及伐桀也、
○昔在中葉有震且業中葉者夏之中葉震且業危而動也本上
夏桀而言也降于卿士者天子降心于卿士所謂聿求元聖者
是也、
○補後殷武一條
○罙入其阻揭其巢穴也裒荊之旅安集其人民、一曰截其〻〻下（所平）
定其土地也撻伐之畧乎定之歟三言盡之矣、

○命于下國封建厥福天命之以天下而大建其福夫武丁未嘗失天下何爲命之以天下也蓋天命于下國而大建其福耳此天下者武丁之所固有大建其福在于有天下之外如下章所稱壽考且寧者是也、

◎詩中有尋常習語如樂只君子介以景福饁彼南畝田畯至喜烝畀祖妣以洽百禮之類是也有有詞無義如信南山甫田結語皆用報以介福萬壽無疆耶與烈祖結語皆用顧予烝嘗湯孫之將此乃樂例亦猶後之樂錄其相爲和聲有詞無義者也有出一手而自相同者崧高烝民之詩其卒章皆用吉甫作誦數

語此自作而自重之者也若殷武卒章與閟宮之卒章文意略同則閟宮襲殷武而用之者也作文必有所本郎三代猶然矣況後世乎

薄以堅竹編之爾雅所謂篧亦曰罩也其注曰篧編細竹以為罩是也又曰今楚篧也無竹則以荊故謂之楚篧也篧薄曲也史記絳侯周勃以織薄曲為生韋昭云北方謂薄為曲淮南子云曲葦薄也詩曰烝然汕汕注汕樔也以薄汕魚也樔鄭氏曰今撩罟也方氏曰獨漉也獨漉樂苑作罜鹿苟子台罶鹿成泪辭曰獨鹿棄之江注綱也箔亦網之類也箔亦ㄏ簇凢以石為

梁絶水者　才〻竹為梁為梁取魚睹曰筅〻〻〻〻也〻〻作〻
梁絶水者曰洪以竹為梁取魚者曰筅亦曰滬〻〻薄或作簿或
作箔皆解為簾然自當有辨織葦為之當從薄此〻薄也〻名
曲詩取萑葦禮具曲植周勃薄曲皆是物也其質弱不堪取魚
取魚者編竹為之則當從簿至箔既解為竹梁則亦非網類也
朱子解汕為樔則樔乃絶義似與鄭氏方氏揆呂獨漉之説異
故又申之曰以薄汕魚則罩亦不當解為籗只宜云以籗罩魚
為是籗當作篧

○莞叢生水中其中莖圓美爾雅曰莞苻蘺其上萬〻中莖也莞
故與蒲相連蒲下而莞上故周禮司几筵有蒲筵莞筵蒲粗而

莞細也詩下莞上簟〻涼而莞爰也禮以莞簟之安言其細精
可以安人也漢文帝以莞蒲為席顏師古曰莞夫離也今謂之
葱蒲以莞及蒲為席亦尚質也莞音完又音官
熊之牝者曰羆被髮人立力能拔樹指爪利如鋒攢遇虎豹樵
牧皆抗其喉揑鮮血飲之其脂亦曰羆白味過于前掌後膰是
熊與羆共一物虺與蛇共一物也蛇之大者曰虺
夭夭是椓一作夭夭是椓夭者草之柔長椓而斷之譬人方少
好榮如桃李而人作禍以椓之民之無祿至于口廿也宋油美
平南漢見宦者百餘人曰是椓人多矣盍本于此

○林邑有比翼鳥不比不飛其名歸飛終日自呼一名鶼〻一名
蠻〻山海經曰崇吾之山鳥曰蠻〻如鳧一目一翼然則歸飛
亦鳥也羨歸飛之提〻在天頡為比翼鳥為中后慨也
○成是貝錦貝者吉貝也吉貝者草棉也以吉貝之絲染五色而
織之為錦故曰貝錦猶書所謂織文也
○白露雨謂之苦雨禾沾之白颰果生虫蔬菜味苦凡雨有甘苦
故詩曰以祈甘雨左傳曰秋無苦雨蓋春雨為甘秋雨為苦甘
則生物苦則殺物
○鷦鷯因桃蟲而變故其形小性純精巧以茅葦羽毳為房或一

或二若鷄卵大以麻髮懸繫樹支雖大風雨不斷一名巧婦鳥火畜之可使為戲及占卦名和鵲卦身紅黑相間如相思紅豆故南粵謂之相思子肇允彼桃蟲拚飛維鳥蓋言桃蟲變鷦鷯耳不必鷦鷯又生大鳥也、

○韓奕一詩乃韓侯來朝受王命而歸故詩人送之中間叙韓侯取妻而及蹶父孔武為韓姞相攸諸語猶俗所謂翁氷清而婿玉潤為一時佳話也下文又云溥彼韓城燕師所完乃追言昔日初封之韓故繼之曰先祖受命而後乃言新命詩詞甚明後人乃撰出蹶父封韓之事殊為可笑、

按竹書宣王六年、召穆公帥師伐淮夷。王帥師伐徐戎。皇父休父從王伐徐戎、次于淮。王歸自伐徐、錫召穆公命。則宣王與召公、並出師、一伐淮、一伐徐也。詩江漢篇則曰淮夷來求、淮夷來鋪、于常武篇則曰徐方既來、徐方既同、分別甚明。特常武二章云率彼淮浦、省此徐土、則以伐徐必循淮浦、故屯師其地。即竹書所謂次于淮、而詩言鋪敦淮濆、截彼淮浦、王師之所者、亦言王師之所經、並未嘗如被兵之徐方震驚繹騷也。朱傳乃以為召公伐淮南夷、王伐淮北夷、甚失詩義。

殷武祭高宗也、而專言伐荆楚之功、則於高宗事固莫有大于此

案此後漢書文

者矣朱子詩傳以為伐鬼方即其事然乃漢書西羌傳云殷室中衰諸侯皆叛至高宗征西戎鬼方三年乃克周季歷亦常伐西落鬼戎則鬼方在西荊楚在南截然兩地伐鬼方者三年而伐荊楚則一入其阻而即平之詩易之文俱在兩地不可混也通志曲為之說以為荊楚舊多淫祠故謂之鬼方欲曲護朱氏反自撰一地名以誣聖經此宋儒武斷之弊可為笑話

間関詩傳以為燕樂新婚之詩按禮云婚禮不賀人之序也又曰娶婦之家三日不舉樂思嗣親也醮婦醴婦之外並未見有燕樂之禮故小序曰幽王無道詩人思得賢女以配君子故作

此詩則亦與關雎思淑女同為他人所作非新婚者之詞也。

○爾公爾侯逸豫無期宋人經義云以爾為公則夙夜在公以爾為侯則謹爾侯度勞于王事逸無期矣職思其憂豫無期矣何如怡然處順慎爾優游確乎不拔勉爾之遁思乎楊升庵深取其說以為得詩人之旨然詩之本意是求賢之詞而此解乃招隱之語恐詩人之旨未必然也。

○東有啓明西有長庚詩緝李氏曰啓明即太白長庚不知何星毛氏云一星後世因之遂以長庚為太白故李白母夢長庚名白字太白然經明分東西兩星豈有以一星晨夜見于兩處而遂

分兩名者、故鄭樵曰、啓明金星、長庚水星、金在日西、故日將出則東見、水在日東、故日將沒則西見、實二星也、今注一星、一與二字、畫多少之閒、誤耳、元注二星也、此說庶幾得之。

惟昔之富不如時、惟今之疚不如茲、楊慎以為此倒字句、蓋言昔時之富不如今、茲之疚不如也、夫昔時今茲而分之為二、則是析字句、非倒字句、且如慎之說、則兩亦如字、懸空而下、有何着落、文不成文、義不成義、以此解經、支離可笑極矣。

緜蠻黄鳥、韓詩薛君章句云、緜蠻、文貌。又睍睆黄鳥、王雪山云、睍睆、黄鳥之色。二字从目、目視之知其為色也。今注皆以為鳥

案孔子字
有牒誤

聲與古注不同、

崧高維嶽〻〻四嶽也孔穎達疏堯時止有四嶽不主中嶽故曰崧高貌山高大者自名崧不主中嶽而言今或以為崧嵩通用其說誤矣、

有渰淒〻興雨祁〻毛傳云渰陰雲貌萋〻雲行貌祁〻徐也按顏氏家訓引詩作有渰淒〻興雲祁〻漢無極山碑亦云興雲祁〻雨我公田王介甫有雲之祁〻詩語本古經意古經本雲字後人乃或改作雨耶觀韓奕詩云諸娣從之祁〻如雲則從雲字為是。

季札觀歌大雅則曰文王之德觀歌小雅則曰周衰有遺民故杜預以爲有哀音宋人因作小雅周之衰論其小雅之分大小特以其體之不同耳小雅雖是王事然其詞時雜風體非如大雅之舂容正大故特列之爲小雅史公曰國風好色而不淫小雅怨誹而不亂以小雅與國風並稱而不及大雅明乎小雅者風騷之類。非可與大雅比而同之也。

春秋一卷　三禮二卷

副本

方日斯先生經義考異卷五至卷七全　雜考附

經義考異卷五

春秋

春王正月此春秋開章第一義也書時書月者史臣記事之文而加之以王則聖人之特筆也其加之以王何也孟子曰王者之迹熄而詩亡詩亡然後春秋作春秋之作為王而作也為王而作而所記者魯與列國之事即閒有王事亦相附以見而記使其專于王則無以見其為王之心也且王迹而既熄故征伐會盟列國為政若贅旒焉所幸者名號猶存唯正朔尚秉於王而不敢私竊而變也故於春之首加之以王若曰此則猶出于王者也春時皆可繫王而獨首于春不書于三時者重首時也有事則書正月正月無事則雖二月三月亦書者總為春重也然則王屬春不屬正

月乎曰王不唯不屬正月春　一讀王一讀　正月　一讀如以為屬春則有七年冬書時而不書月者宜書春王而經不書以是知其不屬春以為屬正月則文九年春有事而三月又有事成十三年春有事而三月又有事則前不書春王而後亦不書王二月王三月以是知其併不屬正月春皆書王獨桓三年不書王十年十八年書王而他不書何也曰為王雖聖人素志而僅書之二年則亦以為時事之常耳桓文多缺誤如四年七年不書秋冬甲戌己丑夏五莫蔡桓侯之類不一而足故不書王者缺而非削也亦偶缺而非例也西河毛氏論春王闢衆說而標新義以為王者興也謂春興也則試易其文以為義而曰春興正月成何理也且廣引月令四

帝[illegible]淮本家語[illegible]者易代[illegible]號取法五行之說夫[illegible]何五德代于鄒衍而月令為秦人之書皆不足信郎月令所稱其帝其臣云者亦後世崇祀追[illegible]之詞而未[illegible]其當日郎自相稱謂云爾也家語論五[illegible]取法五行以法言[illegible]是法五行之德亦非專指明時一事以為王者之所法者僅在此也庖犧以來遠矣若詩書所載舜以土德[illegible]刑[illegible]加帝于四季之[illegible]堯禹湯[illegible]各加帝于所王之時何以[illegible]不見及而孔子特述新法稽此以駭人耳目此則述于索隱[illegible]怪者聖人[illegible]為也西河氏不云乎春秋[illegible]王之[illegible]也又[illegible]在[illegible]然似亦不能無所混者則何不遵彼周行而披茲荊棘[illegible]之

宰咺卿 宰夫宰夫非冢宰下士也其名也惠公仲子者

惠公 仲子 又一賵二者重之也胡氏以惠公之仲子者

也怙死方賵生賵皆左氏以為子氏未薨亦非也

幽平之世禍最烈隱公懼之故亟與戎結好春會秋盟以

為公之要為已數矣

伐鄭之役求寵諸侯者州吁之隱衷以除君害者宋公之素

志也君為主以賦與陳蔡從則主兵者宋公也宋公主兵

雖非討亂賊之黨亦不得不首宋公矣

州吁未能和其民故石碏得以計而殺之然則殺州吁者非石

碏也衛人也春秋不書石碏書衛人與衛人也

鄭伯克段于鄢

春秋諸侯元惡巨奸未有如鄭之莊公者也克段一事三傳胡氏
皆歸獄鄭伯三十餘年後可河毛氏乃為之平反極口贊揚毛氏
非無識者特為鄭莊之奸所欺墜其術中而不覺也人莊與段同出
武姜非有匹適奪正之嫌也姜之惡莊特以寤生故亦非有積怨
深怒必欲害其身奪其位而不可解也一時偏愛欲立少子既請
丁武公而不許莊之嗣位亦越二十餘年智勇雄略天子列國且
震懼焉則姜之始念固已冰消霧釋灰冷而不燃矣其所以請制
請京……不以者亦以母弟之故列在宗鄉合得名都大邑為一
時之寵也 欲愛子享安也 之 年間 一 百雉都城豈不欲段

之子孫世世保守與鄭無二。凡段非莊匹也考其為人不過
狩獵馳騁矜其御控縱之能一豪華貴公子耳無甚深謀遠略之人
施結衆以陰與爭奪也其志不過割北鄙而收之京少不遂其意而
在同母介弟無嫌無疑欲稍拓境宇以賦稅供其玩好遊宴之資
而不謂莊以此忌段愈甚然使莊稍存人心能其收貳之時請于
姜氏戒諭叔段告以王法段未必不自輯戢猶不悛宣諸大臣明
正國典廢之可也徙其封可也姜氏安得而問之顧乃屢慎諫言
直作姜氏莊非愚者權自己出而以不勝其母為詞鄭莊之心行
路之人而知之矣且段之叛未有羽跡既云完聚繕甲兵具卒乘
矣則是明白行事悍然不顧也而曰襲鄭夫兵法輕行而掩之曰

襲則密之至也襲而又曰將則密而秘未獲其無實跡愈明至于
姜氏毋論身為未亡人中宮秘密無預外事何由啓之縱令有啓之之意而
曰將啓則猶秘之于心而不敢以告人者也莊何由而知之且獨
莊闔其期而向所為莊思患豫防如祭仲公子呂諸人者至此何
皆裹如瓶耳也則是莊明以莫須有之事加段以不赦之罪下欺
國人而上制姜氏然後數十年怨毋然弟之積憤乃可以逞而人
莫敢言觀夫子封之牢甫出而京人離散太叔倉皇出走一似從天
而下者乎日預謀襲人一旦反為人襲段雖至愚何至於備若此
迨至逆風入耳而莊已窮之所往早親為備之則是段無叛之備
而之治叛者何謀之周也段並不叛故不得以叛書莊惟非伐

叛而不得以伐叛之詞書至八特變其文曰鄭伯克段于鄢此二百四十二年中未有之事亦二百四十二年中未有之文也克者勝之之詞段本欲無罪鄭伯將欲勝之使去其疾而已矣于殺之則不特其本然之良心有不可泯亦恐國人與鄰國之議其後也故屢欲以詞蓋之至伐許之役當魯侯齊侯之前而忽作思弟之語然其奸邪之志欲蓋彌彰言不能和協而不敢明為何事知糊口四方而不使少及寬政則其飾詞欺衆直哄不欲上人之對夜使之勞同一奸雄作用而西河氏以為獨于兄弟間善全如此夫世安有寘母于隧加君以矢之逆賊而獨善全兄弟也不能三年之喪而緦小功之察者吾未之前聞

○

鄭人伐衛

鄭人伐衛討公孫滑之亂也公孫滑者共叔段之子也段未叛則段已無罪何況于滑即如莊所云將叛亦謀而未成若以國法論或議貴議親麽赦段而立其子如季友之所以處叔牙者當亦非縱乃并弛併其子而逐之則莊之所以待段者更不問而可知也衛與鄭同姓受滑之奔而為之伐鄭取廩延衛非無地以處滑必欲取之于鄭者夫亦深惡鄭莊之不仁故伐其國取其邑以儆示為滑洩仇之意而經不書者殺衛罪也至是鄭乃為滑而伐衛所伐者衛而所討者滑也夫滑以父故累而出奔幸衛之相容稍獲自存鄭復不能忘情併移其禍于衛則必將使為亡人者四方皆

無所餬其口而後可莊之此舉女乃已甚特書伐衛甚鄭莊也先儒以為衛已賑鄭故不書戰然胡氏之例又以為戰不言伐而春秋書伐皆不言戰則衛賑之說誠未必然西河毛氏以為尋衛賑之際取滑殪之固自易易而莊不忍此則過于庇莊者滑河罪而欲莊殪之且衛既助滑殪滑亦何容易但一書伐衛而莊之所以處滑者固已不遺餘力矣何也伐一衛而凡天下之保滑者（如衛）皆將以伐衛者伐之則滑窮故西河氏以為伐在衛不在滑者為莊之忠厚吾則以為伐衛而不伐滑者正莊之刻薄也故終莊之世段與滑皆不獲自見至其孫（公）父定叔乃以雍糾之亂出奔衛而厲公招而復之曰不可使共叔無後于鄭也叔人之不宜有後國法也萬

豈獨私于設者益亦事久寃白不敢言先人之過而憐共叔之無罪。姑以此慰叔于九原也。而頠以是為莊錫類之仁也哉

宋穆公屬國于與夷而羣臣願奉馮與夷仇馮而孔父為之司馬故華督得以宣言而殺之督懷私心實資公憤也公以父故及其身為公累父以立與夷仇馮故殺其身為公累父然則以孔父及與夷者事實也以與夷及孔父者事情也

按史記鄭莊公怨周弗禮與魯易祊許田周本紀亦云鄭怨與魯易許田是易田之舉鄭伯無王之心所積而出與取禾尉王前後一轍胡氏兼責其無親失鄭伯之意矣夫殺弟置母之人尚責以先祖是念乎

宰渠伯糾宰者官太宰小宰宰夫皆稱宰此以名書、非太宰也、渠者氏伯糾名也、周公世為太宰故曰宰周公、無渠伯而為太宰者周有召伯毛伯、無渠伯、以渠為伯者胡氏伯之也、

按左氏衛宣公烝于夷姜考之情事不合且袒公見弒時齊莊姜尚主内政而公子晉出在邢國人以為賢迎而立之則上淫之事于理亦未必然史記作愛夫人其說比左氏較為可信

按禮檀弓齊告王姬之喪莊公為之服大功以由魯嫁齊來告喪魯為制服故齊王姬卒書于策乃又有以為莊公外祖母者則失于考據矣王姬為齊襄夫人乃莊之舅母非外祖母也

癸未葬宋穆公

諸侯書葬禮也春秋重邦交死生之禮尤加謹焉列國以葬來告當無有不會者而遣使或書或否則禮有詳略之異其有卒而不書葬者彼不來告故魯史亦無從而書之也見弒之君多不書葬胡氏以為討其賊而不書非也君而見弒則國不成喪如魯之隱與閔雖已討蔿氏繼慶父而經亦不書葬他國可知其有雖弒而仍以禮葬如鄭髡頑許買之類則經亦以赴告之實而書之不問其賊之討不討亦非以故削其葬即可以示討賊之義也至吳楚之君卒不書葬則非盡彼不告而魯不會蓋以其僭號之故聖人削之誠有如胡氏所云者夫吳楚皆僭王而春秋獨書子子者其

本爵也爵為周先王所命彼雖偃然自王而猶書其本爵所以明先王之制而誅僭偽之心雖為變文亦止實錄若坙則侯伯子男無不稱公聖人不以為僭而因之者無害于義聖人亦且從衆而不革也王則義不可僭而衆不可從因其坙而從衆以王之是亂分也誅其僭而仍我例改而公之非信史也故特削而不書使天下後世皆若止知吳楚之為子而不知吳楚之為王則王之不當僭已隱然自見于筆削之外此聖人之權衡至當而不可易者也後世修史有無故而改易人之姓名使讀者茫然不解為何物今若改楚莊王為莊公昭王為昭公則後世之人必將以春秋為謬妄之書有不止毀為斷爛朝報者不圖西河毛氏乃襲此謬恐攻胡

氏者將反爲胡氏所攻而無以自解也若夫胡氏所言十卒則兼
諱辱之楚昭而併吳過與光計之以此爲據亦未爲大失也
葬桓王左氏以爲緩公穀以爲改葬然是時王室無事未有天子
之喪遲至七年始葬者則公穀之説是也
齊人宋人伐衛穀梁曰是齊侯宋公也其曰人何逆天王之命也
春秋下書子突救衛而衛即放黔牟子周至衛黨子頹伐周杜註
云衛惠公亦抗莊王以入國者與周不和故子頹奔衛則抗王命
者諸侯與衛朔其事甚明史記乃以爲齊襄公率諸侯奉王命共
伐衛納惠公顛倒錯亂此史記之所以不可從也
衛朔抗王命而入國春秋書名書入罪之也放黔牟于周春秋不

書者告也書奔不書放與黜年之為衛侯也與黜年者春秋罪朔之義也

楚見春秋自敗蔡師虜獻舞始而荆經書荆後入蔡伐鄭皆然直至僖元年始書楚人則荆之改號自是始也荆為州名由來已久商頌奮伐荆楚雖有楚名然下文裒荆之旅仍止稱荆宣王南征亦曰荆蠻則前此楚止稱荆自僖以後始稱楚耳

魯初與齊平故使单伯會伐宋单伯者魯大夫也桓初霸並不知有王室亂而不須命伐衛而不終乃請師于周而伐宋此必無之事也若係王臣王師經文書法不當與内臣一例左氏之説益因誤改逆王姬為送王姬故始終以单伯為王臣而曲為之説則改經之弊也

○蔡季自陳歸于蔡癸巳葬蔡桓侯

蔡季者桓侯之弟也諸侯兄弟或名或字例無褒貶然稱季者則必有叔者也蔡叔者桓十一年會諸侯盟于折者是也盟會國之大事桓侯在而叔尸焉此貴戚用事之卿也公子不去國桓侯卒而季始歸此不得于君之大夫也今蔡侯卒而獻舞立則未知叔之為獻舞歟季之為獻舞歟左氏書召蔡季于陳蔡人嘉之未有立季之文也杜氏以為召而立之而于以獻舞歸則直註曰蔡季于是西河毛氏遂以季為獻舞而以胡氏從公羊別立獻舞之說為無稽然立君大事使季果立則蔡人必以立季告而聖人亦必以立季書不然亦宜先正其名曰公子獻舞歸于蔡而不當變文

書季以起後人之疑則意當時蔡侯方卒國必有難蔡人思得蔡季以安社稷故自陳召歸而嘉之來告讀此文者當以季子來歸與衛人立晉之例比而觀之則蔡季之事自明而未可舍經傳正文反從註釋也蔡桓稱侯胡氏從啖助之說以為蔡季之賢知請謚其說固非毛氏從杜氏以為誤文亦非也春秋以前諸侯謚號雖晉魯大國猶有稱侯稱伯者古人尚質不務虛名春秋之初猶為近古故桓尚稱侯卽獻舞卒葬未見于經而傳止曰蔡哀侯則可知蔡之稱侯不止一桓經因其實而稱之非有他故也自莊以後繁文日盛雖邾許小國無不稱公嗚吁周末文勝卽易名一事可觀矣

夏單伯逆王姬　秋築王姬之館于外

此逆王姬也經文書逆而左氏改為送經本無誤何必改經以從傳王姬下嫁使同姓諸侯主之其遣送當在何時禮無明文然以常理論之諸侯昏禮行聘納幣親迎禮文繁重皆當于主婚之國行之而歸其禮于王若王姬則必待吉于京師侯將屆親迎之期然後至主婚之國非如貧兒嫁女謂他人父冰未泮而東家食者也今王姬歸齊在于冬十月之後此時親迎之期尚早吾不知天王何急于遣其女而速驅之使踰時累月待字于同姓之國也且王姬出國當有送者彼主婚之命既下所主之國亦不得漫然不預而從王姬之自來則遣使往請此自臣道主道當然不必定在

婿家方可逆六觀下書築王姬之館于外明是王姬未至而預築館以待之若王姬夏至秋方築館則自夏徂秋不知舍王姬于何地或同焉公宮歟抑先置諸湫隘塵囂之地而後乃徐營夏屋也毛氏又謂公在憂次不便接賓于廟故築館于外則楚公子圍婚鄭尚不欲野賜而必于豐氏之祧矧天妹之尊尚父之裔而越在草莽其何以報天王倘使館為行禮而設所以待親逆者宜書築齊侯之館不當云王姬若昏禮必于廟既築于外亦宜載主以行似當以立廟之文書之不當書築館書曰王姬之館所以館王姬也王姬之未至明甚乃單伯之為魯大夫更無可疑者單則其氏也伯則其號也何以稱號以其為命大夫尊諸卿莫敢加焉故世

稱單伯亦猶晉卿之長世稱趙孟云爾魯以王姬特遣單伯尊王姬也其後會伐宋會于鄄請叔姬皆稱單伯惟命卿故異之惟魯臣故皆不稱使左氏因逆王姬之誤始終皆以為王臣則試按其事而觀之魯與齊桓始盟于柯故遣單伯會伐及宋服而遂與盟于鄄此比事可考者如以為王臣則桓自伐衛以前與王絕不相聞會鄄之後越三年王室即有子頹之亂桓亦不遣一介奔問官守今伐宋非大舉會鄄非大合而必上請王使以為光寵前恭後倨桓豈人情商魯及子執子叔姬魯未自往請不當以兒女子之故竟瀆天王商人雖無道亦不敢恃弑逆之焰遽虐王官經前書執而後書至與意如叔舍同詞亦以單伯之為魯臣也使為王臣何為告

至于魯國之蔑哉。毛氏以單爲畿内采地而世以采爲氏者，則周大夫既有單子矣。一伯一子同食一單，恐無此分封之法。且何不聞劉子之復有劉伯、召伯之復有召子也。左氏于王官有爵者皆以謚舉，而單伯始終闕焉，則亦無所考據，而自以其意解經者求其說而不得，于逆王姬則改經文以就己，于會伐請叔姬則造爲事迹以自實，浮夸之謞，信不虛矣。

單伯會鄄，觀此則單伯爲魯大夫益明。春秋魯史，單伯以内臣出會，故特書會。若王臣則宜直書單伯齊侯等會于鄄，以爲殊會，則宜書齊侯等會單伯于鄄，此有他例經文，參考自知。

○夏四月四卜郊　僖公三十一年

魯之行郊禮、經載孔子有魯之郊禘非禮之言、漢宋諸儒皆以為僭、蓋以其為天子之禮而魯用之也、西河毛氏以為郊有二、魯所用者特祈穀之祭為諸侯常禮、而非報反之祭、惟天子得以行者、因考春秋九卜郊、盡在四月、為魯非僭郊之証、但細考經文、如僖三十一年成十年襄七年十一年卜郊皆在四月、固無可議、若成之七年、則于正月免牛、中間有事、而于夏五月書不郊猶三望、定十五年正月改卜牛、中間有事、而于夏五月書郊、哀元年正月改卜牛、中間無事、而書夏四月郊、此以明卜牛在春而不郊、或郊則定于夏也、獨宣之三年春正月書郊牛口傷改卜牛、牛死乃不郊、猶三望夫宣之不郊猶望與成同也成之不郊表以夏特書之而宣則連書其事而不間則是正月之郊也以牛死故不郊雖不郊而猶望不然郊矣望必于郊之後望于正月則郊亦于正月可知而此則不郊而猶望者也或以為帝牛必在滌三月故卜牛在春而郊必在夏然既曰郊牛則為郊之用乃加以名是已得吉而在滌之牛因將祭視其口傷故改卜則取稷牛而用之不必再滌以愆祭期今改卜之牛又死則不可瀆乃己之固未可執以為必始卜之牛即傷即改而猶待用于三月之後者然則魯于正月亦郊比事以觀經文甚明是即西河氏所謂報反在子月孟獻子所謂正月日至可以有事于上帝者此其時也魯之僭禮斷非無據三

千年來衆口一詞而未有改未可以一人之見而獨非之也

糾兄桓弟傳記諸子所載甚明自程子誤解漢書有糾弟桓兄之說而胡氏因之朱子因之遂使糾桓長幼忽然易序而管仲爰書至今不改夫糾惟爲兄故襄旣見弑國內無君糾以次弟在外魯之未納糾也魯君先與齊大夫爲蔇之盟而後乃以師送之則是糾之當立齊人僉同魯君亦以爲名義已定必無中變是以遲二其行而不意小白之乘機竊發疾入而據其國也至兵臨城下齊人桀驁夫亦魯君愧納糾之無成而豈糾借外援以爭國乎經文前書伐齊納糾小白未入也後書戰于乾時即納糾之師小白據國而因與魯戰魯未嘗再伐齊也桓之與魯戰者

亦以名義不順故以兵力退之使果當立也君不諭之以詞命齊出獲且長狄人猶能止趙盾之師而謂齊不能行之于魯乎然則桓殺子糾管仲信忘君事讐矣夫子奚取焉曰桓雖殺糾管仲安得而讐之也仲傅子糾非臣子糾也爲糾臣則爲糾也死不爲糾也臣則不爲糾也死仲齊之臣也齊國既有君矣而必死于其私此召忽之所以爲匹夫匹婦之諒也

沙鹿崩沙鹿晉地不繫之晉者爲天下記異也

晉人及秦人戰于令狐晉先蔑奔秦

趙盾秉晉國之鈞負託孤之重蔑棄死君擅謀廢立其罪大矣先蔑共廁六卿從其逆謀同惡相濟將謂可結相臣之歡而事一反覆位喪身遂小人之變態固其常理君子觀于此而知桃園之後僅以不越境不討賊為趙盾罪者猶未直抉逆臣之胸臆而隱約其詞者也西河毛氏以傳文有可疑者四疑為舛誤然細繹傳文背先蔑之語則其疑固皆可釋然者趙盾之使先蔑也在六年八月襄卒之後蔑即往逆子雍越至七年四月而雍猶未至者蓋秦亦知權臣內主大事已定故遲遲其行先蔑奉使必無踰年守候要與偕來之理故先歸報命而士會即與同來可知及趙盾與諸

大夫畏逼、立靈公、然公方在抱、未必即行告廟視朝之禮、不過臨時定議、以謝穆嬴、事從中變、而先蔑不知也、即其禦秦師亦盾之陰謀、而未顯有成命、其遣將出師、皆若為逆雍往者、故先蔑亦偕將以行、及董陰、盾乃決計明言拒秦、潛師夜起、而秦師敗矣、至是蔑乃知為盾所賣、恐以己說、遂與士會偕奔而不返也、狡哉盾也、始則擅國威而責君。既則挑鄰釁而責友。恣睢傾側、未有若此之甚者。左氏深窺其隱。故先言背先蔑。禦秦師。而後復曰潛師夜起。則知前實無禦秦之名。後乃定敗秦之計也。不然蔑奉使無過、何為見逐、且蔑既紿秦、又何敢復入秦庭、而秦不之責哉、書曰奔秦者、在師而奔、故不言出、若其在秦、則不言奔矣、士會未有軍行

故傳不言同行經不書同奔厥後先蔑不返而獨復士會者則以
其責輕故也
左氏載公子雍仕秦為亞卿焉則是公子雍久為秦臣原無得國
之心即秦亦決不以雍有晉國之分何則襄有太子則儲君有
人邪謀自息也乃趙盾遣使如秦求君而秦伯親送之此趙盾所
召非秦伯納不正也程氏以秦與晉並罪殊昧輕重之理矣
魯莊與齊桓本無大怨徒以納糾之故桓痛心疾首必欲得志于
魯敗乾時殺子糾未足也又為長勺之師至于敗衄益增其
忿知己之不能勝魯也因魯侵宋遂結宋以謀魯于是乎
有郎之次而宋師又敗則齊謀于是始衰乃以娶王姬之故

王命魯主婚，而餘憤未平，怒不見公，故經書王姬歸而不書齊逆，意可見也。至閔公見弑，則齊黨已孤，于是齊亦知其力不能加魯，又以滅譚滅遂，小國畏威，大國亦當懷德，乃可徐圖伯業，既平宋亂，遂以娶王姬之故，亦與魯平，為柯之盟。此則按之經文而自可見者。至曹子刼盟之事，公羊、史記皆記其事，後人亦艷稱之，然左氏不載，則亦未可憑，非以左氏斷之，仍以經文斷之。自入春秋，魯未失地于齊，盟柯之後，亦不書齊返地于魯，則所謂反汶陽田及歸魯侵地者，亦無據之談，即刼盟之事，未敢以為信也。

鄭公子歸生弑其君夷

弑君大惡也，定弑君之罪大獄也。春秋之時直道猶存，列國弑君多以實告，聖人修春秋尤加謹焉，未有非弑君而輕入人以弑君之罪者也。夷之弑，首謀者公子宋，歸生懼譖而從之，經書歸生弑君而舍宋。西河毛氏以為此與趙盾同例，盾造意而歸生知情，故同書弑。夫法嚴首從，知情之不可與造意同科也明矣，而以此斷歸生，則為失入。然試就當日之事詳論之，有以知弑君之必為歸生，而不僅以知情受惡也。歸生者，鄭之貴戚上卿，嘗統大衆與宋戰，獲其上將華元者也。名位才略十倍于宋。夷食諸大夫黿，獨召宋而不與，豈徒戲之，實輕其人，易與耳。宋懷慙染指出，有殺身之懼計無復之謀先免禍不問他人而獨商之歸生弒君何事敢輕語人亦歸生平日之跋扈不臣宋已深窺其隱故言之無罪不以為意且冀歸生權重多才能為之畫弒君之策也歸生畜老憚殺之對傲誕恣睢豈復人臣語名為拒宋意則游移知固已心許之其曰懼譖而從之者歸生行弒後之飾詞然欲掩其惡而卒不可掩何也宋之踈于歸生已非一日而此時公方震怒懷殺宋之心宋之譖固無由入郎入公亦必不聽若歸生懼譖先發其謀乘公積怒之後忠言易入行無將之誅殺宋如反掌耳歸生寧計不及此何懼于宋而輕從人大惡哉蓋宋非歸生則必不能弒君歸生陽為懼從實則陰為宋謀而主其事則是同造意而兼主謀者其

尤浮于宋鄭人深知其謀故主名以赴然當歸生之身猶畏其威而不敢致討至其卒也乃斲其棺逐其族而為夷故塟改謚焉此弑君之彰明較著無可疑者其他如趙盾許止陳乞皆實弑其君故當時傳之聖人書焉惟楚公子比則自有他故而未可與陳乞同類而並觀之也

按秦誓書序以為敗殽還歸之作史記記于取王官封殽尸之後然讀秦誓書文痛截截之諞言猷仡仡之勇夫而欲詢黃髮思一介臣者蓋深恨聽杞子之言違蹇叔之諫以致茲敗而思與二三臣以之桑榆戮力同心冀後世之罔愆為子孫黎民利耳感憤作誓正以為報復之計非真能痛自悔艾懲忿窒慾也

至殽尸既封所願已遂何為忽萌悔心哉且使此誓作于濟河焚舟之後則自殽以後敗彭衙失二邑大創者屢而誓中曾無一言念及何為耶有謂左氏不記作誓之事不知左氏記事另出手眼不肯如史記直抄成文其曰素服郊次鄉師而哭者即作誓之由也孤之罪孤之過者即作誓之意也不言作誓而以數語畧見大意此左氏所以為良史也史記未見書序故以所聞者前後錯出無有倫次惟取書詞而細讀之則知其决非封殽尸後語也然則秦穆既非悔過夫子何為錄此書于百篇之末曰書以道政事夫子之錄此書者取其詢黃髮論一介臣有合于用人為相之道故存之非真以帝王之道望秦穆也

○晉殺其大夫趙同、趙括、

按左氏傳上五年晉趙嬰通于趙莊姬原屛放諸齊至是莊姬為趙嬰之亡故譖同括于晉侯而殺之武從姬氏畜于公宮以其田與祁奚韓厥言于晉侯乃立武而反其田焉莊姬者、趙朔之妻、同括與嬰、皆朔之叔父、而武則朔之子也、朔先死、莊姬方與嬰通嬰放于成五年、而同括殺于成之八年、先後存沒、較然可考、朔不知死于何年然宣十二年邲之戰朔將下軍欒書佐之至成二年鞌之戰欒書將下軍實代趙朔由佐而將未為越等意趙朔初死而書方以次代之也朔既死武宜即嗣朔以少故未立且同括等皆趙姬子因義讓以盾為嫡朔死子幼同等分尊在朝武可以不立至同括死以韓厥言乃立武而并同括之田與之焉趙氏之故經傳甚明史記乃載景公三年屠岸賈爲司寇治靈公之賊攻趙氏于下宮殺趙朔趙同趙括趙嬰齊而滅其族朔妻有遺腹于公宮賈索之朔客公孫杵臼以他兒代死而程嬰匿其孤于山中十五年至景公疾韓厥以卜之故告公立趙後滅岸賈之族金仁山修通鑑前編于周定王十年即晉景公三年也書屠岸賈殺趙朔于下宮滅其家而于簡王三年即晉景公十七年也書殺趙同趙括又于簡王五年書晉景公卒程嬰攻屠岸賈滅其族復趙氏兩是俱存莫辨真僞然晉殺趙朔不見于經程嬰立孤義至高左氏附傳既不載國語郵無卹論趙武事甚悉僅曰少釁于難從姬

于公宮、亦不言及嬰臼保全之事、而史記以朔與同括嬰齊同時被殺、全仁山欲並存兩事、乃分殺朔于十五年之前、殺同括于十五年之後、遷就依違、迄無定見、按成公為文公子、朔娶成公姊莊姬、則亦文公女也、傳稱文公以女妻趙衰、生同括嬰齊、今朔復娶文公女、世固未有祖與孫而可同娶一父之女者、其可疑一也、晉卿秉政、皆出大家、賈之族、未著世勳、雖曰有寵于靈、然由成及景已越三世、司寇非執政也、諸將何人、乃任其指揮、其可疑二也、盾之後當誅與否、自有國法、擅殺大臣、滅其族而君不問、晉景何昏憒至此、其可疑三也、朔妻生男于公宮、禁闈秘密之地、豈容强臣擅衆出入、一索不已、至于再索、其可疑四也、孤兒生十五年後、韓厥既以實告景公復何憚于岸賈而匿之宫中、俟三年之後始因韓厥之衆、以脅諸將而殺賈君弱臣強、不振至此、何以主盟、其可疑五也、爾時欒郤荀范皆主晉政、而獨用韓厥之衆、列卿安在、且所謂諸將者、又何人也、其可疑六也、史記言景公因諸將問疾脅之而見趙武、遂攻岸賈滅其族、前編乃書于景公卒子州蒲立之後、則是厲公時事、又與史記相背、其可疑七也、史記匿孤兒十五年及用韓厥之衆等語、乃因左氏有韓厥爲言立武反田之事、而由景公三年下數至殺同括之歲、合十五年、以附會立武時日、今又遲至景公卒後方始立武、則應云十七年、不當云十五年、其可疑八也、殺同括在晉景公之十七年、立武亦在其年、今金仁山氏

以為孤兒十七年方立故又遲之二年始書于冊是十七年亦若
有異其可疑九也趙盾弒逆雖太史直書然當時皆以為枉故韓
厥言于晉侯猶曰宣孟之忠至孔子立斷亦隱其詞曰為法受惡
岸賈乃悍然明正其罪大義雖彰情事未協即盾弒君當治其子
孫同括嬰齊異母之弟各食其封法不相及史記則併殺而族之
金仁山欲分著殺同括事故去其文獨書殺朔而復書滅其家則
趙氏已無存矣乃于定王十三年有趙同獻狄俘之使後乃書殺
趙同趙括調停左史自生罅漏況譖殺同括者趙莊姬也下宮之
難嬰兒既匿姬將安在姬在而嬰〻未亡仇讐側目安敢復譖殺
叔父以自滅其宗故分之則事雖兩可合之則同括不容兩殺其

可疑十也。春秋聖經，固無妄作；左氏傳記，亦近而有徵。立武反田之事，明白可考。史記之訛，或亦三晉遊談之士，豫讓、聶政之徒，尚氣矜之隆，造為事跡，以相標榜。即如公羊所稱邾婁顏時有臧氏之母，以其子代公子，固有先此而為之者，是又公孫杵臼、程嬰之藍本也。夫嬰、臼二人，本莫須有之事，自司馬遷載之，劉向稱之，邵氏經世曆述之，宋則追封而廟祀之，金仁山又取列于正史而特書之。然以春秋及左氏較之，則孰得孰失，其是其非，博識君子必有能辨之者。

春秋詳內而畧外，故鞌之戰，四卿並書于策。若外事，則雖如邲之戰，六卿司馬皆具官，亦不過書荀林父而已，此史例也。

吳子使札來聘

吳子餘祭也餘祭立四年未通中國故遣季子歷聘諸邦為通嗣君吳越在蠻夷邦交之禮不逮諸夏通嗣君稍緩未為大失季子受命以出甫至魯而餘祭見弑載在魯策然君命未改故至魯後復往諸邦其觀樂于魯或在聞訃之前不妨喪禮及至衛鄭齊晉則不過贈答交遊之節未可以君喪而廢禮也皆不足為季札咎獨其書使札與楚椒秦術同亦常詞耳胡氏乃以為札辭國以生亂故因其來聘而貶之示法焉夫立嫡以長禮也壽夢以愛故欲立少子于王法為亂倫使其誠以為賢而諸樊兄弟承乃父之志紹乃祖之風各逃不立如泰伯之所以讓季歷者札亦未必不受

今諸樊乃立于喪次。而致國于季子。是使札紛兄而奪之也。札之賢豈為此。及札不受。則又倡為邪議。約以次相傳于札。世及之禮有如是乎。札愈不受宜也。札既辭位。國光之國也。僚乃攘而有之。光之殺僚、乃取其故物、非奪人所有、故春秋不以弒君之獄歸光而繫以吳。明吳非僚所宜有、而僚之所以見弒者、亢以有吳故也、然則吳之亂。乃諸樊生之于札。何與札之秉禮守義。如此卓卓。而謂之生亂。則彼爭竊奪攘而國晏然者。遂可謂之已亂乎。至併夫差之喪師覆國。而皆以咎札。又何責人之已甚也。諸樊不能為伯夷之讓。而札始終守叔齊之節。既遂其志。亦為得仁。何公何私而以為過。且夫時中者、非游移無定之謂也、不越乎正乃協于中、合乎使札始而辭終而受越禮不顧以殉父兄之亂命乃曰時措之宜也則祭仲之出君立君誠為行權反經合道公羊氏之說為與仲尼之言相表裏乎孔子于季子屢稱不置春秋列國名卿大夫皆高其節至與子臧同稱胡氏善蘊轍之論忽儀疊突曰君子不幸而處此如子臧季札可也不如此則亂不止至此又以為生亂前後矛盾何以自解胡氏立說之偏穿鑿背謬未有如此之甚者西河毛氏僅以數語解紛而不旁引曲喻辯而闢之何也

成風者文公之祖母也齊桓述五命有曰無以妾為妻者謂為嬖寵配適如周幽晉獻之類非謂妾子為君不當尊崇其母也成風雖莊公之妾然僖公為君自當以一國之奉孝養其母生榮死

壽祺案此並斥儀礼經傳非也

哀情理允協。故告喪天子。恩禮有加。非廢法而亂倫也。今欲嚴嫡妾之分。而不審情理之安。然則必欲使文公之于祖母。不制服、不成喪。而後為孝。王之于魯。必正名定罪、六師移之、而後為法。天下有如是之政刑乎哉。胡氏之傳。試一反觀焉。當亦自知其説之不可也。又按胡氏所引禮、庶子為君、為其母無服于禮無考。惟士禮喪服傳、有庶子為父後者為其母緦之語。然此本戰國後人所作、假為子夏傳、實非周禮也、昭公之母齊歸。亦襄公妾也。胡氏大蒐比蒲傳。一則曰君有重喪。再則曰君有三年之慼。曾不以無服之説稱昭、以為知禮者。豈自言之而自忘之耶。然而三年之慼。非胡氏之言。晉叔向之言也。叔向之言固周禮也。

○秦穆以三良為殉，左氏、史記皆以為穆公死而棄民，収其良以死。王仲宣、曹子建詠史諸詩，皆據應邵注，以臨没要死為言。是三良許公以死，而自殺相從。原與康公無與，故唐李德裕以梁丘據、安陵君為比。並罪三良，自偽詩傳、詩說始有責康公之語，而孫明復從之。王柏又引之。夫殺人者不究主令之罪，而反坐旁觀者以不救論抵也。此豈平情之法乎？至朱子又謂王政不綱，殺人不忌，無明王賢伯以討其罪，則又責及王伯，蔓引多人，益難為訓矣。

○經明云作丘甲，而傳必及于向，且以甲士為甲字之解，遂有益兵增乘紛紛之説，不知經文簡而明，凡昔未有而自今始者，方謂之作如左胡益兵增甲之說只宜云增云益而不宜云作何也丘原有甲而今不過增之益之耳經之書作則是丘未有甲而從今始作之云耳其未有甲何也古者甲出于官有事則授之軍還則輸之無取之民者今魯令丘出甲是以出之官者責之民自今日始故曰作甲者甲兵器也甲士人也僅書甲字添出甲士已為蛇足而又牵及乘車步卒其于甲字之義相去萬里矣

晉悼牽率諸侯頻年伐鄭十二國之君疲于奔命無一日安蕭魚之役不能愽鄭君一面僅得歌鍾女樂君臣自誇以為得意其所以禮囚禁悰舍鄭而去者蓋亦自知民力之既殫諸侯

之道敎詒籍是息肩以塞四鄰之口也前亳北之盟范宣子固
曰不慎必失諸侯諸侯道敎而無成能無貳乎鄭人窺知其
意觀釁而動伯駢行成子展出盟益稍為之下以釋其怨
而臧孫紇亦曰苟有以藉手鮮不敎宥則晉人之心其臣知
之敵國知之四鄰知之而後世乃艷稱三駕之功以為楚不能與
爭鄭真不叛晉也豈知自是之後楚子旣卒鄭亦自立倖而不
至于決裂耳然秦師至而即敗楚侵宋而不能救則晉之不能
亦可知矣若乃以中國伯主而外和諸戎求與盟誓以免其侮
此尤失策之甚者乃反以為功厚賜其臣而不知其醜也不亦
深可嘆哉

按國語箕遺及黃嘉父作亂不克而死公遂逐羣賊問于陽畢陽畢教之併逐欒氏其言曰欒氏之誣晉國也久矣欒書實覆宗殺厲公以厚其家若滅欒氏則民威矣乃逐欒盈左傳則以逐盈而殺箕遺黃淵嘉父等彼此情節各異然欒氏之罪狀不若國語之言尤正也

按經書十有二月甲寅天王崩而左氏于公如楚之先書癸巳王崩至是王人來告喪問崩日以甲寅告故書之以徵過則王之崩實癸巳日其不言月者上書慶封事在十一月此亦蒙上十一月之文也

楚公子比自晉歸于楚弒其君虔于乾谿　楚公子棄疾殺

公子比

楚虔弒君簒國慢臣虐民夷滅友邦憑陵諸夏罪惡已盈蔡洧觀從因神人之憤舉義旗以清妖孽殪獨夫于棘闈復先公之土宇討郟敖之賊而報隐子之仇義正功高莫此為甚乃春秋旣不著楚人討賊之義又不表陳蔡克復之功而于終身未嘗北面因人成事之公子比加以弒君之辭一若反有與夫虔者何舉法之失輕重耶曰比事屬辭者春秋教也有止一事而其事見者有合其人其事之始終而其人其事始見者今合比之始終之事觀之而知春秋之書比弒君者非罪比也所以見弒其君者之為公子棄

疾而比特代受其名者也棄疾者虔之黨也虔弑君比與黑肱皆懼累遠竄而棄疾獨留臧陳臧蔡為之主兵凡虔之惡皆棄疾成之然彼員當璧之祥處居常之利睥睨于虔之旁而欲為虔之為者已非一日其君陳蔡也據方城之險收亡國餘孽蔓成然觀從朝吳之徒為腹心朝吳既舉事何有于去國十三年之亡公子而欲召之召二子者為棄疾地也事成則去二子如反掌事不成則以二子說故始則棄疾佯為不知以觀得失及蔡人既與棄疾乃顯然召二子而與之盟二子雖共事然及郊欲速者棄疾也使人殺太子祿及罷敵者棄疾也比雖為王而先除王宮令于乾谿者棄疾也因之使蔓成然以王至逼殺二子者棄疾也比之死恐王

至而死是比意中有生王也而棄疾之意中則已有死王虔縊于申亥氏他年芋尹始以王柩告此時則虔之死生尚未可知乃棄疾已殺囚衣之王服而流諸漢取而葬之以靖國人以殺僞王之因即無異殺王故棄疾之志于弑君其罪已明而以比弑君赴者則委罪于比一以明王之已死一以掩己殺比之罪猶之殺囚代王之故智也聖人深見其隱故于麋卒之下即書比出奔晉而于弑虔之上先書比歸自晉以明比未事虔非其君也下書棄疾殺比不為討賊之辭則以明比之無罪棄疾特委罪殺之而取其位（善乎史遷世家之言曰平王以詐殺兩王而自立此可以斷棄疾之獄矣）者也胡氏曲為之說責比以君臣之義而曰比雖出奔而爵禄有列于朝、出入有詔于國、則君臣之分猶存、此無稽之言難為定論、西河毛氏引三監為証，而以管蔡例比，則又擬非其倫。管蔡監殷，而殷畔，則罪在管蔡。棄疾君陳蔡，而陳蔡畔，則罪正在棄疾，于比何與也。且以楚虔自縊，而必書以弒，為聖人疾虔大惡，不使得沒祇宮，故筆削若此，此又與小兒之見無異。聖人既疾虔，何不明正討賊之詞，而反加人以弒君之罪？況虔即得考終，弒逆之惡自在，安用如此委曲深文，陷人不義哉。蓋聖人書法，皆不沒其實，比事以觀，而義自見。下書狐射姑出奔狄，則知殺陽處父者狐射姑；上書齊陽生入于齊，則知弒其君荼者不止陳乞；上書比歸自晉，下書棄疾殺比，則知比非弒君，棄疾殺之而加以罪也。此弒君之變例也。

經書伯姬卒左氏謂其女而不婦則似為貶伯姬古氏則以為賢伯姬皆非也伯姬為平公母春秋既高待姆不至而卒于火無可貶亦無可褒然彼時為之子與臣安在而使國母以災殞則宋公與臣之罪也

許世子止弑其君經文甚明而後之論者必曰止不弑君止不嘗藥耳夫不嘗藥而即加以弑君聖人不如是之刻也不讀左氏之傳乎許悼公瘧飲太子止之藥卒瘧非必死之疾也世子又非習于醫者而自以藥進是以君父為試醫之具也藥不中疾與與酖毒等進酖毒以殺其君而曰我無是心也則試問其進藥之心果何心也夫不嘗藥而致死

其君者誤也。輕。進。藥。而。自。殺。其。君。者。故也。誤之責猶不可辭。剢乃故耶。胡氏以為止不擇醫而輕用其藥、歐陽氏以為操刃而殺、與不躬進藥、及進藥而不嘗、三者罪當殊科。金仁山以為止無弒君之心、不幸而進藥以卒、此皆在夢夢之中、止實自用藥以殺其君。無異于操刃。蓋以君父之生死為戲。故敢以其未達之藥輕于嘗試也。而乃責其不擇醫、不躬進藥、憐止之不幸也、止而有知、不啞然其笑耶

按召陵之會、蔡在衛上、臯鼬之諸侯、即召陵之諸侯也、則衛原未嘗先蔡、況考踐土之後、蔡亦序衛上、左氏之說祝佗之言毋亦有不可信者乎

春王正月公在乾侯

昭公失國出奔于今五年因鄆潰而寄在乾侯非其地矣聖人自三十年後每歲首必書公在乾侯。胡氏以為存君。深得聖人之旨。而西河毛氏以為責公之不用諫不踈羣小以致戮没故連書三年以明戒夫以君伐臣。不勝而出。責在逆臣。君有何罪。果欲垂戒則于孫齊受唁之日。為戒已明。亦何待遲之五年之後。始特起異文以明戒乎。又以春秋書在耑為朝正關而不書所以諱惡此亦非也君行必書反必告至地有遠近事有遲速固無常期國中事必有監國代行者國之大事在祀祭必以時未常以公出廢禮則朝正亦自有公出代行之例故公在晉非一次經皆不書獨襄在楚則書之者，晉則其常可以不書，楚則非常不可以不書也。若云不書則諱之，在晉當諱，豈在楚反不當諱耶？書則責之，在楚可責，豈在晉遂不必責耶？二者于義均未有當也。至云二十八年己去鄆而亦不書，則又似乎未詳考經文者。經于二十七年冬書公至自齊，居于鄆，至二十八年三月，始書公如晉，次于乾侯，則正月在鄆不言可知，不必又書也。然自二十五年九月公孫之後，其出其至，其會其居其次，無一不詳書。公至三十年後，公始安居乾侯，無他往來事，闕而不書，似三年中並無公者，故特于歲首書公所在，以示有公，所以深惡季氏之無公也。建文出狩，錄野史荒詞，何足以擬春秋？然而西河氏爲此說者，蓋欲以陰比帝（帝在房州）、房州也。

衛蒯聵與輒之事千秋疑案卽夫子之答子貢與子路亦
引而不發然而春秋所書則斷獄之爰書已兩言而定矣何
也蒯聵殺母輒無王父命于法皆不當立而啓蒯聵以爭國
者晉趙鞅也助衛輒以拒父者齊國夏也故春秋于蒯聵
則書趙鞅納之而書圍戚則以國夏爲首以見輒與蒯聵
皆無可助助之之者皆爲黨惡卽王法所不恕也故以輒與蒯
之自處則當如伯夷叔齊蒯聵爲世子與伯夷之當立一也
然均爲父所廢固不可立叔齊雖有父命乃以有兄在亦自不
立矧輒有父且無王父命而儼然自立則爲不仁知夷齊之皆
是自知蒯聵之皆非也以人之處蒯聵與輒則當正其名正蒯聵

殺母之名、而蒯當誅。正輒無王父命之名、而輒當廢。然後言順事成、而禮樂興、刑罰之所以中也。乃蒯聵與輒、既不能如夷齊之安仁無怨、則正其名者方伯之責也、而晉趙鞅先挾不當立之人。報私怨以啓亂階。齊國夏又黨不當立之人。洩已忿而仇伯主。皆春秋之所惡。據事直書。而聖人之情見矣。然則以夫子而仕衛輒、則如之何。曰夫子言之矣、必也正名乎。正名者、正其受王父命與不受王父命之名也。一正名而輒無所藉口、將慚愧遜位之不暇矣。變干戈為揖讓、聖人自有神化之功、而不知者乃以為迂也。

桓宮僖宮災。胡氏林氏皆以桓僖親盡而廟存、故災。然諸侯五廟親盡則祧無久留于廟之理祧則新主入廟亦無毀廟之理則林氏之説誤也公羊以為毀而復立經無明文亦不可信按魯廟周公稱太廟魯公稱世室羣公稱宮或者既祧之後羣公又各有宮以藏祧主公宮者羣公之宮揔名也桓宮僖宮災者羣公宮之中獨二宮災也陽虎禘于僖公即在僖宮然既順祀先公則桓僖二宮勢不相屬桓宮災不及相對之莊相連之閔而獨斜入于僖此其所以為異也孔子在陳而知其為桓僖或亦以定公繼昭有同桓僖事出非常故天火二宮以示意歟又按諸侯五廟父廟曰考廟乃莊丹楹已曰桓宮則在廟時亦稱宮故傳者有久而未毀之疑耳

按左傳、齊悼公奔魯時、季康子以妹妻之、即位而來逆、女通于季魴侯、弗敢與也、故齊侯怒伐魯、取讙及闡、又如吳請師、魯因吳為邾來討、懼二國同心、歸邾子以謝吳、又及齊平、歸季姬、季姬嬖、齊乃歸讙及闡、又辭師于吳、是齊人取邑歸邑。皆為季姬。與伐邾無與。胡氏乃以邾子益來奔、傳有齊甥也之句、遂援出故事、以為齊人取邑為入邾之故、歸邑為歸益之故、夫左傳之文俱在。而自出意見。變亂事實。宋人見解。大抵如是。經學之所以日晦也。

春西狩獲麟

春秋魯史也國必有史魯自伯禽受封之始以至頃公見滅之年記載時事策書不廢此所謂魯之春秋也其斷自隱之元年春王正月至哀之十四年西狩獲麟則孔子之春秋也魯之春秋獲麟而後尚有其文不僅至孔丘卒而其記事亦不僅至哀公之終而止孔子之春秋則終于獲麟然又有以為始于獲麟者孔子因獲麟悲道窮而作春秋則春秋作于獲麟之年即謂始于獲麟亦可也孟子歷叙存心之統及世之治亂皆以孔子作春秋上承堯舜禹湯文武周公之傳而其言曰王者之迹熄而詩亡詩亡然後春秋作則春秋之作所以維王也故其始也即表王于春而以獲麟

終○文傷王道之終不行也○何也、麟、王者之瑞也、有王者則出、無王者則宜隱而不見、今乃出于魯之大野、而見獲于鉏商、見棄于虞人、惟無王者故至此、孔子傷之矣、曰孰為乎來哉、感而作春秋、遂以是終焉、其始必書王者、思天下之有王、夢寐周公、吾為東周之志也、其止于獲麟者、憫天下之無王、明王不興、世莫予宗之悲也、孔子之春秋○始之終之○凡以為王也○春秋者史也、書者唐虞三代之史也、詩者太史採之以備善惡者也、三書相為表裏、詩終商頌、周所遷也、書終秦誓、繼乎周者也、春秋終于獲麟、知周之不復西而將入于秦也、書載文侯之命、則東遷後之書、隱以下無有也、春秋之始于隱、以繼書也、詩則列國之風、首有秦火寺事、而止上[illegible]幽

王之世黍離之降王有風而天下無王矣春秋之書王盖欲天下
知有王也故春秋之作在刪詩書之後而始于獲麟之年其以為
自衛反魯與厄陳蔡而作春秋者皆未詳考于所以作春秋之故
也胡氏以為制作文成而麟應公羊以獲麟為夫子受命之符此
又曲為之說而入于誣者春秋魯史獲麟魯事也麟不常有而獲
之為天下記異故書于魯史而春秋終焉其不終于十四年之冬
而終于十四年之春則易終未濟之義也且春秋者天下萬世之
書非孔氏之書也今異也而以為符事也而以為應是視聖人之
書為一家言與窮愁自見者無異而于所為垂訓立教生民之故
幾希之統者一無所與則聖人之著述亦既周詳具備矣曷為竊

取大義，知罪由人，而復專有所作也哉。」
孔子曰：「述而不作，信而好古。」故詩書禮樂皆因其舊而修明之。
易而則贊之而已。乃孟子于春秋獨謂之作，史記亦曰：「筆則
筆，削則削，子夏之徒不能贊一詞。」而孔子亦自言：「曰其義
則丘竊取之。」然則春秋一書，孔子手定，義自聖心，而非他人
所能與者也。特其旨遠詞微，未易窺測，故惟孟子畧知大
意。自是以後，無人焉。其同時作傳者為左丘明，以其傳授
之曾申，申授之吳起，以及虞卿、荀況，皆有著述。楚鐸椒以
威王不能盡觀左氏春秋，采取成敗，卒四十章為鐸氏微。
由相高固進之楚王。至西漢賈誼作左傳訓詁，以授京兆

尹張敞中大夫劉公子等及東漢議郎陳元以春秋易名家其父欽得黎陽賈護之傳直接虞卿荀況張蒼賈誼賈公賈長卿張禹尹更始尹咸翟方進胡常之一脉嘗撰為陳氏春秋以自別元亦有左氏訓詁又上疏請立左氏學官其後士爕撰有春秋左氏注董正亦以通三傳春秋知名公府乃不幸其書出壁中孔安國獻之内府而未立學官遂致公穀之徒各立門户以相牴牾故漢氏春秋祗以公穀鄒夾為四家而四家之中尤宗公穀至左氏出則墨守膏肓不攻自廢漢後復有二十三家春秋見之漢志各立學官杜氏何氏范氏訓定之後猶有蘇寬劉炫戴宏閔因輩各

案戴宏閔因見公羊疏首乃治公羊之學者也然戴宏漢人閔因似亦魏晋人不可列劉炫之後

有著述而其書無一傳者唐陸淳作微旨纂例釋疑載趙匡啖助諸說其書猶在宋人立說不下數十餘家惟程氏最著及胡氏傳一出而自漢以來春秋之家皆廢不用然春秋自是亡矣王安石欲廢春秋而春秋存以其不知春秋也胡安國傳春秋而春秋反亡以其知春秋而實不知春秋則春秋之經名存而實亡也晉韓起觀魯易象春秋而曰周禮盡在魯此時春秋未經聖筆然已使人欽重若是則以孔子之春秋其妙義自不可測識而胡氏以私意解之欲以書人書字書爵名號時地之間爲聖人用意之所存則聖人用意不如是之淺也淺也而已

秋聖人之寓意非聖人之用意則是直以春秋爲莊列之放言。而非復聖人之大法。其于春秋之旨。愈求而愈遠矣。夫春秋之書、聖人自言之、經解曰、比事屬詞。春秋教也。春秋鈎命訣曰、欲觀我褒貶諸侯之志在春秋。則讀春秋者。比事屬辭。以求聖人之志。其于春秋則幾矣。

經義考異卷六

○

注程

太宰八則五曰賦貢、鄭康成解、以賦為口率出泉、其解九賦、又不從鄭衆邦中之賦二十而稅一之言、仍以口率出泉解之、而引漢法筭泉為賦、又以鄉大夫遂師之職為證、然考賦字乃統括之語、凡泉穀車馬貨賄、取而歛之、皆名為賦、邦中四郊等賦、或二十而一、或十一、或十二、經有明文、自不可易、而難以通之于關市山澤幣餘、所入者泉、山澤則山虞澤虞所掌、或共其物、或入其財、亦無定式、而揔以賦名之、則賦固未可指為定賦何物也、且口率出泉、乃漢高帝未即位之時、令民年十五以上至五十六出賦錢、人百二十為一筭、以治庫兵車馬、至即位後乃減、郡國口率數、人歲六十三錢、以給獻費、此乃後世弊政、而謂周時賦法亦然、豈不謬耶、且鄉大夫職所謂國中自七尺以及六十、野自六尺以及六十有五、皆征之者、此役法非賦法也、遂師所謂經牧其田野、辨其可食者、周知其數、而任之以徵財征者、仍是遠郊二十而三之稅、非斂之出泉也、然則九賦之解、鄭司農固舉一而未發、而康成之見則陋矣、

九貢、八曰斿貢、鄭司農解為羽毛物、而康成不從、以為斿讀如囿游之游、謂燕好之貢、而以禹貢珠璣琅玕解之、夫經明是斿、而必改讀

陳壽祺案、斿游古國字、康成非改經、亦非虛字也。○

從已、此啓後人改經之漸、且九貢皆係實字、而此忽換一虛字解、于文理為不順、況羽毛之貢、亦禹貢所有、非司農撰出、至于以珠璣琅玕為燕好之貢、則出自康成之見、禹貢未有以明其為燕好也、

九兩三曰師、四曰儒、鄭康成以師為諸侯師氏、儒為諸侯保氏、夫師氏保氏掌教國子、而經之所言者民、且此是王官、不專為諸侯設、以師氏為師、猶可言也、以保氏為儒、則杜撰矣、經文明曰師、明曰儒、而更為别解、求深反淺、似可不必、大司徒以本俗六安萬民、四曰聯師儒、以之參看益明、

正月之吉始和、正月者夏之正月也、恐其有疑于周之正月、故加始

和二字以明之、既布治于邦國都鄙、即縣之于象魏、小宰因師治官之屬觀之而徇之以木鐸、乃者繼事之詞、于小宰不言正月而言正歲者、彼此互相發也、康成分作兩時、以正月爲周之正月、正歲爲夏之正月、而以始和二字爲改造之意、于上下文勢不屬、且于乃字一接寬緩無力、況十一月既布治于邦國都鄙、越三月而始縣之于王畿、急于外治而緩于内治、古人亦無此顛倒之法也、

官府八成、四曰聽稱責以傅別、六曰聽取予以書契、七曰聽賣買以質劑、八曰聽出入以要會、傅別與質劑相類、書契與要會相類、然而其實不同、傅別如今之文券、即借約、一家藏之者也、質劑、如今之合

同、一契兩分、彼此各藏其一者也。書契如今之領狀、所以為取予者也。要會、如今之冊籍、核算其出入者也。

六計弊群吏、皆先之以廉。或解廉作察字。夫上既曰聽官府弊羣吏、又每曰察善察能、言重詞複、殊無意味。鄭注曰既斷以六事、又以廉為本。蓋吏之所重者廉、既廉而後其善能諸事乃為可用、若一有不廉、則法在必黜、雖有他美、不足觀矣。

宰夫歲終則令羣吏正歲會、此夏之季冬。正歲則以法警戒羣吏、此夏之正月。蓋周雖以建子為正、不過亦改朔之意、至于授時行政則仍從夏令。故十二月曰歲終、正月曰正歲、此夏正也。鄭康成于小宰之正歲、以夏之正月解之、而宰夫之歲終、則解以周正季冬、夫周正季冬至夏正正月、尚有兩月未畢之事、歲終既正歲會矣、至正歲乃警法、則此兩月中、將任羣吏之優游坐食耶、其所謂月要日成者、將別為一書、而不必積之成歲耶、此皆說之不可通者也。

○內府掌邦之大用、凡王及冢宰之好賜予、則共之、夫人臣外無私交、冢宰安得有好賜予、且內府共之也、蓋冢宰之職。主待四方之賓客之小治。故有所善。亦得賜予。內府共之。亦即以王命賜之。非冢宰之私用也。後世權臣有視內藏之物、同于己物、一切取用、無所禁忌者、不得以周官為口實矣、喪大記男子不死于婦人之手益言男子治外不至為婦人而死觀之手二字則有狎私褻義之意非謂凡屬婦人如妻妾婦女之屬皆可遠之使不在側也周官女御大喪掌沐浴釋者引記語而以為王喪沐浴未必婦人或亦供給湯物亦謂之掌夫王喪沐浴之具自有肆師鬱人甸人預為供之此明言掌沐浴非掌沐浴之具安得泥記語而反為之曲說也

典婦功凡授嬪婦功鄭註授當為受聲之誤也國中嬪婦所作成即送之不須獻功時其意以為上文既有授嬪婦語此不宜重故于此改授為受又以下文有秋獻功之語此受字不可通故解之以國中

嬪婦所作成即送之、不須獻功時、其用心良苦然而不必者上文是
提綱、此句凡字是另起、各不相蒙、不嫌重出、其實嬪婦獻功、亦在秋
時、及秋及字乃至秋之說、非以嬪婦及之也、辨其苦良者苦即枲功、
良即絲功、故下文典絲典枲分別言之、至于絲枲之功、各有良苦、則
意已藏在辨字中、故典絲既言受良功、而又曰辨其物、其意可見、鄭
司農既以布紵纁帛分屬苦良、又兼麄細入解、遂致康成執一廢一、
于典絲受良功、則以良為苦字之誤、以為受其麄鹽之功、以給有司
之公用、其良功者典婦功受之、以共王及后之用、于典枲受苦功則
又自行補救曰、其良功亦入于典婦功、以共王及后之用、夫典婦功

明曰辨其苦良、比其小大而賈之、物書而揭之、以共王及后之用、未嘗曰其苦者仍還之于典絲典枲也、則康成之説爲多事矣、揔之苦良只爲麤細之解、枲是麤功、絲是細功、苦良二字只當絲枲之別名、作死字不作活字看、則文理自明、

内司服辨外内命婦之服、内命婦三夫人九嬪世婦女御也、外命婦三公孤卿大夫士之妻也、下文云凡祭祀賓客共后之衣服、及九嬪世婦凡命婦共其衣服、此命婦則專指外命婦、以有公卿大夫之等、故以凡字言之、康成以爲凡者凡女御與外命婦也、夫經言内命婦上不及三夫人、下不及女御、舉九嬪世婦則可以兼推其餘、至于外

命婦不能悉數則姑以凡字括之而謂此命婦中有女御則及九嬪世婦一句不可省乎

○内則豕望視而交睫腥、周禮作盲眡、杜子春云、盲眡當為望視、然而俱可通者、豕望視固不可、豕盲眡亦不可、杜子春必欲改從望視者、以為盲則不復得言視、然不知此視字乃活字、盲于視與望而視一例也、若言盲復言眡為矛盾、則言望又言視為重疊矣、疏又云、豕不合望視、此豕眼睫交、故云豕望視而交睫、則又以望視交睫合為一事、更不可通矣、註云腥當為星、肉有如米者似星、此又曲解、腥只宜如字、蓋上云辨腥臊羶香之不可食者、此正腥之不可食者也、何必

改為星耶、

師氏保氏雖掌詔王媺諫王惡、然乃地官之屬、以教國子得名、師氏為中大夫、保氏為下大夫、若太師太保乃三公以六卿兼之者、鄭康成引周公為師召公為保証之、以為二公兼此官、則是三公之尊僅同中下大夫之職、擬非其倫矣、且畢公為太傅、又獨無傅氏何也、

大司徒以保息六養萬民。六曰安富。益富民國之本也。富民安而後貧民始有所資。今之為治者。以為富民饒于財。多取之而不為虐。必至于富者貧。而貧者益無以遂其生。亦大悖周官之旨矣。

旅師掌聚野之鋤粟屋粟閒粟而用之以質劑致民。此即社倉之法。

于賦税之外取民閒之罰粟積之以貸民而不取其息者也鋤粟者合耦而不至則罰之出粟與屋粟閑粟皆是警游惰之罰鄭康成以為民相助作一井之中所出九夫之税粟則是惟正之供不當與屋粟閒粟為一類上縣師所掌歲時徵野之賦貢者即税粟也縣師掌徵正賦旅師掌斂罰粟各有分管康成以為是粟縣師徵之旅師斂之合而為一揔由以鋤粟為税粟誤之耳賦貢正供以給公用罰粟無常以致民用故下即繼之曰而用之以質劑致民而者繼事之詞康成欲改為若多一轉折殊為費事均其政令者出入之際自有政令下云凡用粟春頒而秋斂之即此便是政令蓋此是民粟仍為民

用出陳易新不取其利康成以均政令為國服為之息者亦非也
守祧奄八人賈公彥疏以為天子七廟通姜嫄為八廟〻一人故八人
然考之祭法天子七廟三昭三穆與太祖之廟而七又曰遠廟為祧
有二祧則祧廟在七廟之外天子之所以異于諸侯者也外又有文
武不祧及姜嫄諸廟則天子之廟原不止于八守祧奄八人亦是揔
言之不必一人管一廟觀下文女祧每廟二人而不揔計女祧之數
則奄非每廟一人可知矣
世婦冢宰春官俱有之冢宰之世婦言其掌事春官言其掌禮其實
一職也冢宰世婦不言數者數見于春官不必重列也世婦每宮卿

二人、下大夫四人、中士八人、此皆以宮人為之。即後世之女官也。天子六卿、而王后反有十二卿者、陽奇陰耦、義固無嫌。鄭康成引漢大長秋詹事中少府大僕為比、則是居然卿矣、不可以訓。疏以為皆奄人為之、然天官内小臣上士四人稱奄、而此不稱奄。明其非奄也。且奄不過上士而止。若廁之卿大夫之列、則褻瀆天爵、亂政弄權之漸。先王慎重名器、必無此事。且叙官而以世婦冠于每宮之上、則所為卿大夫士者、皆世婦為之。亦可知矣。

禮郊特牲曰、樂由陽來者也、禮由陰作者也。樂記曰、樂由天作、禮以地制。又曰、聖人作樂以應天、制禮以配地。皆以樂為陽為天、以禮為陰為地。而周官大宗伯職曰、以天產作陰德、以中禮防之、以地產作陽德、以和樂防之、蓋言禮屬陰而本天、樂屬陽而本地。此即一動一靜互為其根之意。故下總承之曰、以禮樂合天地之化也。鄭司農以陰德為男女之情、陽德為分地科以致富、康成以天產為動物、地產為植物、陰德陽德為陰氣陽氣之在人者、何氏註以性出于天、故曰天產、人生而靜、靜則屬陰、情感于物、故曰地產、感物而動、動則屬陽、皆牽強混合、殊不可信、

典同主辨聲和樂、故曰同、非六同之同也、康成註以同為陰律、因其先言、故不以陽律名官、然太師職及典同所掌、皆先六律後六同、獨

有執同律以聽軍聲句、先同後律、尚書所稱同律度量衡者、孔註原作齊同解、則正與典同之義相同、又未可執是以爲先同後律之一証也、

大宗伯所掌者、祭祀卜日眡滌濯莅亯省牲之類、皆禮之大節。故爲大禮。小宗伯所掌者、毛六牲辨六齍六彝六尊告時告備、皆禮之小節。故爲小禮。康成以小禮爲群臣之禮、釋之者謂王有故不親行事、使臣攝祭、則爲小禮、夫禮中自有大小。原不以王之親行不親行而分。掌者常職。亦不以王之親行不親行而改。且詔相云者。詔相王。非詔相群臣也。况王不與祭祀則大宗伯攝位。大宗伯既攝王。則小宗伯

自當攝大宗伯之事。將以大宗伯所詔相之大禮通名為小禮乎。此時小宗伯所掌之小禮。又名何禮也。若禮以王之親不親而分大小。則所謂大祀小祀者。亦當以王之親不親而異名。此大小二字又何以解也。

世婦職、凡王后有摎事于婦人、則詔相、鄭司農解、謂爵婦人、康成解謂大喪拜謝然、上言大喪、而此以凡字另起、則不連大喪為一事。且凡字所包甚廣、雖不專指大喪、而大喪亦兼在其中、必合兩說解之。而其義始備。

大司樂教六樂、或分或合、註疏各解、支離漫漶、罅漏滋多、今祇就經文求之先言以樂舞教國子、舞雲門諸樂即繼之以六律六同大合樂以致鬼神示諸語乃言教國子及六樂所致之效此提綱也乃分樂而序之以下分言六樂之用、而結之以凡六樂者文之以五聲三句凡六樂者一變以下、又是言樂之變合、凡樂圜鍾為宮三段共為一節、六樂總起一變至六變只是雲門一樂、下所謂若樂六變者是也、其致各物各示、乃通言其效以歸重于天神非以一樂祭一示也、若以六變為六樂則下又有八變九變通為八樂九樂不可解矣則此節註謂大蜡索鬼神祭四方者非也、上已云大磬以祀四望、大夏以祭山川則四方及山林墳衍諸示各有專樂、何得于此重言之且

所謂一變二變者何樂之變也若以大蜡合作六樂則圜丘方澤祭
天神地示之重不過各用雲門咸池一樂而大蜡反合作六樂輕大
重小為倒置矣大濩以饗先妣大武以饗先祖宗廟之中奏九德之
歌九磬之舞不及雲門咸池者二樂專用之于天地宗廟中只用四
代不及六代則先儒謂周禘用六代之樂者亦無據也至鄭註以圜
丘方澤三者皆為禘祭而引祭法禘嚳郊稷以為祭天圜丘以嚳配
之則又悮之甚夫祭天圜丘配以后稷即所謂郊稷者是也嚳自是
禘爲嘗配郊以郊為禘既不識郊援禘入郊又不識禘兩失之矣
牧人掌牧六牲惟陽祀用騂陰祀則用黝望祀各以其方之色凡時

祀之牲用牷物外祭毀事用尨周雖尚赤所用者郊廟耳他祀則五色並用牲貴純所重者時祀耳外祭則尨者不𤼲然則以騂角爲祭山川者誤也充人掌繫祭祀之牲牷祀五帝則繫于牢芻之二月享先王亦如之而郊特牲云帝牛必在滌三月稷牛惟具二禮互異不知誰當曲禮曰凡祭天子以犧牛諸侯以肥牛亦大槩言之耳未及悉數也

趣馬掌贊正良馬而齊其飲食鄭康成以贊正爲讀謂校人臧僕講馭夫之時趣馬佐正之夫馭夫中士趣馬下士以下正上豈合官常下文又有以聽馭夫之語時而正之時而聽之事權顛倒更爲不經

且既以贊正為句、下云良馬而齊其飲食于文理亦大不順矣、

〇校人職云、飾幣馬執朴而從之、蓋承上文凡大祭祀朝覲會同有用馬者則飾之、以其為王之大禮、故校人自執朴而從之、若國之使者、則直共之而已、不必從之也、有馬必有幣、故云幣馬、非以幣飾馬、亦非共馬又共幣也、鄭康成所引儀禮二條、一則聘禮曰、馬則幕南北面奠幣于其前、此聘初入竟展幣之禮、不得以為幣馬之証、一則既夕禮曰、薦馬纓三就、入門北面交轡、圉人夾牽之、馭者執策立于馬後、此乃啓殯後朝廟薦馬駕車之禮、與幣馬大不相同、即以夾牽執策証執朴之語、亦甚無當也、後圉人職云、凡喪紀、牽馬而入陳、廞馬、

亦如之、則與儀禮此文庶乎相合矣。

○射人祭侯則為位、按考工記祭侯之禮、以酒脯醢、其辭曰、惟若寧侯云云、則自有祭侯之禮、為位者為祭侯之位也、其禮當在未射獻工之後、註者乃引儀禮獻服不獻釋獲以當之、又曰、服不受爵、祭侯左右个及中、按儀禮獻服不之後、宰夫有司薦庶子設折俎、卒錯、獲者適右个、薦俎從之、獲者左執爵、右祭薦俎、二手祭酒、適左个、祭如右个、中亦如之、卒祭、左个之西北三步東面設薦俎、立卒爵、則此亦是獻獲者之禮、弟獲者祭酒于左右个、而後卒爵耳、究非祭侯正禮也、祭侯有其位、有其物、有其辭、而未詳其禮、闕之可也、必以他禮當之、則誤矣、又儀禮大射禮、司馬命量人量侯道與所設乏、又命量人巾車張三侯、考周禮量人巾車職並不記其事、而以射人張侯服不氏贊之、豈天子諸侯之禮異耶、抑禮文各異、未可執一以為斷耶

小司寇聽民之所剌宥、以施上服下服之刑、鄭註上服劓墨也、下服宮刖也、葢以身之上下為解、然上有剌宥之語、當兼諸刑殺赦宥而言、呂刑曰、上刑適輕下服、下刑適重上服、上下服之語、當與此同解、鄭註誤矣、

士師凡以財獄訟者正之、以傅別約劑、鄭司農解傅別、若今時市買為券書以別之、按小宰八成、四曰聽稱責以傅別、七曰聽賣買以質

劑、則市買券書。乃約劑也。不得混而爲一。又按朝士。凡有責者。有判書以治則聽。凡屬責者。以其地傅而聽其辭。别郎判。傅即傅也。以經解經。更爲有據。

鄉士所掌之獄云協日刑殺肆之三日遂士言就郊刑殺各于其遂肆之三日縣士亦云各就其縣肆之三日獨鄉士不言殺及肆之所者鄉士掌國中之獄自當殺之于國中肆之于市不必在郊也若方士不言協日刑殺但書其刑殺之成與其聽獄訟者都家之民各屬于君廷議既下各自于都殺之士師但書其成而已

朝士職凡同貨財者令以國法行之犯令者刑罰之鄭司農解同貨

財、謂合錢共賈、以國法行之者、司市為節以遣之、夫司市節送、凡通貨賄者皆然、不必単為合錢共賈者設也、康成解國法為國服之法、是矣、而以蓄積騰躍其贏者當之、則與國服之法不相屬、惟陸德明釋云、同貨財者、謂財主出債、與生利還生、則同有貨財、亦照國服之息行之、若今之違禁取利者有罪、是也、又凡屬責者、以其地傅而聽其辭、屬責、鄭司農解為田地相比屬、康成解為轉責使人歸之、而本主死亡、歸後之數相抵冒、何氏註謂貸者死亡、親屬代償其多寡之數、三者皆未當理、揔緣屬字認不清耳、按屬字當讀為囑、囑責者、謂無文券而口之所囑之責也、責之有判書者、以判書為憑、其無判書

者則以地傳而聽其辭如今之借貸無文券但有中見亦是足據之類是也

掌囚職及刑殺告刑于王奉而適朝士加明梏以適市而刑殺之康成以適朝為句而以士為鄉士夫刑殺之人不必盡在鄉豈可以士專為鄉士且告刑于王則是爰書已定今日奏決又奉以適朝何為况下有奉而適甸師氏句法一例則自當以適朝士為句蓋朝士掌外朝告刑由其轉達加明梏則朝士專為之也文王世子公族磬于甸人似異姓者不在此而此言凡有爵者亦適甸師氏則兼異姓言之蓋親與貴皆不戮于市者先王之厚也

三農、鄭司農注、謂山農澤農平地農、而康成不從以為澤乃澤虞所掌、無可農者、然江淮以南、下隰地及葑田、皆是澤農、淮南子大旱菰封熯、菰即菰。封即葑也。旱燥、故菰葑亦乾也、菰葑根相結而生、歲久浮於水上、根最繁而善糾結、以土泥著上、刈去其蔓、枯時以火燎、便可耕種、吳闓騆十三州志云、百粵嶺南有駱田、駱音架、王氏農書架田即葑田、以木縛架為曲田、浮水面、以葑泥附木上而成田、其田隨水上下、故南方有盜田之訟也、後稻人職又云、澤草所生、種之芒種、郭璞江賦云、播匪藝之芒種、挺自然之嘉蔬、隨風猗萎、與波潭沲、皆指葑田而言、族師祭酺注、酺者、為人物灾害之神、田有蝗螟、䖝有馬瘟、皆祭之、祭畢而合飲、遂名為酺、是酺非祭名、因祭而會聚飲食以名之、酺之為言哺也、以食曰餔、以飲曰酺、春秋緯云、酒者乳也、王者法酒旗以布政、施天乳以哺人、詩以開百室、鄭氏箋曰、百室出必共洫而耕、入必共族而居、又有祭酺合醵之歡、則此亦鄉人飲酒、蜡祭一日之澤之意。後世酺祭廢而群飲有禁。漢世乃有賜酺之典。意是而禮非矣。又校人職冬祭馬步、杜子春觧云、步郎酺也。則酺音當讀為步、步亦因馬瘟致祭而合飲也。

大司徒里宰以歲時合耦于鋤、康成注曰、鋤者、里宰治處、若今街彈

壽祺案此解在惠氏九經古義之先

之室按趙明誠金石錄有跋昆陽城中漢街彈碑益周名鋤漢名街彈彈之室即今之申明亭也

隸僕下士二人王行洗乘石鄭司農注云王登上車之石也即如今之上馬臺淮南子云周公履乘石尸子周公踐東宮履乘石詩有扁斯石履之卑兮蓋指此乘車之得履石惟王爲然王行洗乘石致其潔也

掌節凡邦國之使節山國用虎節土國用人節澤國用龍節皆以英蕩輔之注云蕩當爲帑謂之函器盛此節或曰英蕩畫函也干寶曰英刻書也蕩竹箭也刻而書其所使之事以助三節之信則漢中之

百使符者、亦取則于故事也、禹貢瑤琨篠簜疏曰、竹闊節曰簜、按符節字皆從竹。則直是以竹為之。英蕩即節也。解為盛節函及助三節之信者、未免節外生節矣、

考工記以脰鳴者、以注鳴者、以旁鳴者、以翼鳴者、以股鳴者、以胷鳴者、鄭康成註脰鳴鼃黽之属、注鳴精列之屬、旁鳴蜩蟬之属、翼鳴蟋蟀之屬、股鳴螽斯之属、胷鳴榮原之属、許氏說文蜅鼃詹諸、以脰鳴者、榮蚖蛇醫、以注鳴者、蟬以旁鳴者、蟜蟥、以翼鳴者、蚣蝑以股鳴者蠵、大龜、以胷鳴者、二家之說各自不同。然有互相發處。當並存之以備參考。

○大司寇束矢鈞金之法所以禁民訟也、一百矢、三十斤銅、爲費無多、而致之亦自費事、苟兩造有一自知不直者、不但不敢冒昧入此、亦必將悔禍解免、而不至于終訟、苟其險健不悛、聽斷之後、不直者先沒入其金與矢、仍治其罪、正所以警無良、若直者則仍還之矣、不貪其貨也、

○閩隸掌子則取隸焉、杜子春云、子當爲祀、鄭康成謂掌子者、王立世子、置臣使掌其家事、而以閩隸役之、皆不得其解、蓋子者孳也、若畜鳥蕃孳、則取隸以供之、不然則否、明此無常役也、

○○大行人七歲屬象胥諭言語協辭命九歲屬瞽史諭書名聽聲音鄭

註、以爲召諸侯之象胥瞽史、皆聚于天子之宮教習之、按象胥掌蠻夷閩貉戎狄之國使、諸侯不當有是官、又掌傳王之言語而諭說焉、以和親之、即所謂諭言語協辭命也、瞽矇諷誦詩世奠繫、外史達書名于四方、即所謂諭書名聽聲音也、蓋王者五歲徧省、自是以後至十二歲方巡守、數年之間、不可以若是恝、故七歲使象胥諭之、九歲使瞽史諭之、一以示親睦之意、一以見巡守將近、使其凜王度也、若以爲諸侯之官、彼國自有常職、安用天子教習之、且又必于七歲九歲之間何爲也耶、

考工記輪人五分其轂之長去一以爲賢、去三以爲軹、賢與軹不知

在車為何物、但以記文考之、轂長三尺二寸五分、轂長去一、當去六寸二分、則賢當有二尺五寸八分。轂長去三、當去一尺八寸六分、則軹當有一尺三寸四分。鄭康成以賢為大穿、軹為小穿、而以為大穿穿内、徑四寸五分寸之二、小穿々内徑二寸十五分寸之四、不以本文轂之長三字為解。而以其長之圍為解。似與經文不合。大馭職祭兩軹、杜子春謂兩轄、少儀祭左右軌范、軌與軹聲同、謂轂末也、則。軹當。作。轂末。解為。是。後輪人内庇軹、康成亦解為轂末。輿人之軹圍則以為輢之植者衡也、與轂末同名、一軹字而三異其解如此。

遂人職凡治野夫閒有遂々上有徑十夫有溝々上有畛百夫有洫

洫上有涂千夫有澮〻上有道萬夫有川〻上有路匠人為溝洫廣二尺深二尺謂之遂九夫為井〻間廣四尺深四尺謂之溝方十里為成〻間廣八尺深八尺謂之洫方百里為同〻間廣二尋深二仞謂之澮專達于川其不同何也、遂人約其大綱。匠人為其體制。任事者與受成者自當有詳畧之異。必欲一一而求其合、則天下自此多事矣、鄭康成以匠人所記、為畿內采地之制、以為采地制井田、異于鄉遂及公邑、此曲為之解、治地之法、當以地形地利為異、豈以鄉遂采地而異耶、

掌客待諸侯飧牽饔餼之禮、鄭康成註中引儀禮公食大夫及聘禮

下礼已

二節以揣摩牲牢鉶鼎簠簋陳設之處附會牽合殊為多事夫公食大夫乃諸侯自食其臣與王待來朝諸侯之禮大異即聘禮亦是諸侯之卿聘于諸侯之禮〻雖相同然王禮與侯禮又異而以此為例自難符合且經之所重者五等諸侯禮有隆殺所謂等數與政治也若陳設之文東西之列則胥徒之責掌客未嘗越俎而代之也必欲以此為窮經可謂緦小功之察矣宋人說經病在無據漢人說經病在事〻必求有據而究之據非所據反流于繁碎而無當過猶不及二者交譏未可攻宋而右漢也

補

後廡氏一條

夫禮者所以定親疏決嫌疑別同異明是非此言禮之大用也自朝

廷鄉國以至草野、吉凶軍賓嘉、無一不該括于其中、疏專取服制單以喪禮為言、舉一廢百、殊非經旨、

孝子不服闇、疏解為不行事于暗中、而又申之曰、一則為卒有非常、二則生物嫌、如是則祇是行于暗中耳、非行事也、且與登危對、只就行暗中解為是、以為行事、求深反淺、

燭不見跋、解者謂古未有蠟燭、以火炬照夜、將盡、則藏其所餘之殘本、考古燭有薪燎、油燎二物、油燎即今之燭、楚詞云、蘭膏明燭、謂以油作燭也、古以人執燭、今易之以鐙、故爾雅云、燈者錠也、即膏鐙也、惟油燭則下有足跋、將盡即見、若薪燎非可執之物、且盡則火易焉、

有留其足以示客者。世人以蠟燭起自漢晉，然周穆王列蟠膏之燭，燕昭王燃龍膏以爲燈，皆是油燭。是燭原不止火炬，油燭自古有之也。

就屨，跪而舉之，屏於側。承上解屨，不敢當階而言。解屨既畢，乃就屨，跪而舉之，屏之於側。所謂不敢當階也。疏以爲侍者或獨暫退時取屨法，以就屨爲着屨，則跪無着屨法。以屏于側方着屨，則就屨宜在屏于側之下。况就亦不得作着字解，觀下文鄉長者而屨，俯而納屨，此則着屨之正文也。豈可以就屨爲着屨乎。

離坐離立，毋往參焉。惡其干人之私也。兩人偶語，必有陰謀，已往參

之則必起人疑非遠嫌之道也離立者不出中間當從其側而過不則疑于參之矣

毋反魚肉不必定為已歷口之物為人所穢亦不必定為以所餘反之于器但已取在手之物而復反之則有嫌于擇物而食飲食之人則人賤之矣是以君子謹之與固獲同是此意固獲是必欲得此物反魚肉是已得而非意中所欲得者故反之皆陋也

執玉其有藉者則裼無藉者則襲先儒解以執圭而垂繅為有藉執圭而屈繅為無藉而陳澔非之以無藉謂圭璋特達不加束帛有藉謂璧琮加于束帛之上按周禮典瑞惟王之大圭與諸侯五瑞及頫

聘之瑑圭璋璧琮有繅藉。餘玉則否。有。藉無藉。之別。當以此。為正解。
非特。達與加。帛。之謂也。然考之聘禮諸侯授圭以聘君別有享禮束
帛加璧璋以聘夫人別有享禮束帛加琮聘玉有繅。而享玉無繅。則
加束帛。其初授受之時、君與使者皆朝服及行聘之時、賈人取圭垂
繅授上介、上介不襲執圭屈繅授賓、賓襲執圭、公皮弁迎賓受玉賓
出、公側授宰玉、降立、賓裼奉束帛加璧享、聘于夫人用璋享用琮、如
初禮、及還玉于館、君使卿皮弁、賓則皮弁襲受圭、及還璋如初入賓
裼迎大夫、受禮玉束帛、如還玉禮、及反命、使者執圭垂繅上介執璋
屈繅、皆朝服、則。是特。達。之。圭。璋。即。頫。聘。之。圭。璋有。繅。藉。者也。加。束。帛

之。璧。琮。即聘頫之。璧。琮。亦。有。繅。藉者也。乃行聘之時。上介不襲而賓則襲。則。以垂繅。與屈。繅。之異。是同一有藉之中。既以特達與加帛分有藉無藉。于特達之中。又以垂繅屈繅分有藉無藉。二說兼須。其義始備。未可以此而廢彼也。

○國君不名卿老世婦、大夫不名世臣姪娣、疏以世婦為兩媵。按昏義天子有二十七世婦、周禮天官春官、俱有世婦職、益內宮之督率女御以佐后者、公侯夫人之下、亦有世婦、以其分尊、故不名之、兩媵則姪娣非世婦也、

○曲禮水曰清滌酒曰清酌黍曰薌合稷曰明粢儀禮有香合嘉薦普

此条青入仅孔

淖明齊溲酒諸語、解者以普淖為黍稷、夫香合者黍也○明齊者稷也○黍稷又黍稷乎○及解明齊溲酒、則又以明齊為新水、言以新水溲釀此酒、夫酒是水釀、死者猶未知乎、何必如此申視也、

○生曰父、曰母、曰妻、死曰考、曰妣、曰嬪、考與妣至今稱之、而嬪則考古及今、未有以此稱死妻者、爾雅、嬪、婦也、周禮多言嬪婦、書曰嬪于虞、是嬪乃婦之稱、以稱死妻、僅見于此、

○天子視不上於袷、不下於帶、此天子視、非視天子也、綏視、衡視、士視五步皆然、故下以凡視揔言之○上是視之禮○下是視之不合禮者○若以為視天子、則不特下節不可通、即士視五步句亦難解、益五步當

以縱計、士視不得過五步、若以為視士、則五步之内、尚屬遠觀、不得言視、以為視旁左右五步之間、則視士左右矣、非視士也、玉藻視下而聽上、視帶以及袷、視下也、聽鄉任左、聽上也、則凡視皆然、不獨天子矣、

季武子成寢、按爾雅室有東西廂曰廟。無東西廂有室曰寢。是寢乃廟也。惟其為廟。故杜氏之蒞。可以不遷。若是所居之寢。則路寢燕寢小寢皆在宮内。無單作寢者。大夫宜以室言之。如晉獻文子成室是也。專言寢則廟矣。非室也。觀下孔子哭廟哭寢對言。則寢是廟可知矣。

8

魯莊公及宋人戰于乘丘、按春秋傳、乘丘之戰、公敗宋師、魯無敗績之事、檀弓所記蓋傳聞之誤

曾子易簀得正而斃、自是大賢身分、然尚有可疑者、夫簀、季孫之賜也、古者凡賜車馬、則乘以拜賜、衣服則服以拜、不敢虛人之賜也大夫固有賜士之禮。既拜賜矣。服而用之。未為僭禮。古人于尊者之賜。至死猶用之。所以為榮。鄭公孫蠆卒王追賜之大路、使以行、左氏以為禮、王賜叔孫豹大路、季孫欲使杜洩舍路以葬、則杜洩以為不可襄公賜公冶冕服、公冶以其非德賞、乃囑其臣無以冕服斂、是車服名器。賜之則必用之。況于大夫之簀。大夫既賜之。則寢之以卒。何庆

于正且曾子之寢此簀必不于其疾病之日而始寢也曾子事〻精察其平日之寢之者必以為季孫之賜寢之為是何至將終而忽易之今日之易之為是則前日之寢之為非矣童子焉知禮而曾元亦未能以禮曲諭其親僅以病革不可以變為言則亦猶未免于姑息之愛也

曾子與客立于門側其徒趨而出曾子曰爾將何之曰吾父死將出哭于巷曰反哭于爾次按奔喪禮始聞親喪以哭答使者盡哀問故又哭盡哀是一聞喪即哭更不暇擇地父死而哭于巷非禮也故曾子止之爾次即所館也

毀竈以綴足、按喪大記及儀禮、始死、楔齒用角柶、綴足用燕几、此未浴之前也、既浴則去燕几、更毀竈以綴足、不復用楔齒者、浴後即含故也、然父母死既楔其齒、又綴其足、一之為甚、矧至于再、此皆古禮之不可行者、

同母異父之昆弟、子游以為大功、子夏以為齊衰、後儒王鄭、爭辨不已、然考之士禮喪服、並無明文、喪服托為子夏所作、既無其文、則齊衰亦非子夏語可知、然禮弓之記、原未嘗指定宜何服、在子游則曰其大功乎、蓋疑之也、子夏則曰我未之前聞也、魯人則為之齊衰、是于正禮未有所聞、齊衰乃魯人之俗禮耳、而記者復自結之曰、今之

齊衰、狄儀之問也、則指作記時現行之禮。蓋秦漢間禮也、夫同母異父。是嫁母也。嫁母與出母不同。出母。義未絕。嫁母則義已絕。傳曰出妻之子為母期。則為外祖父母無服。辭之者曰絕族無施服親者屬。謂母子至親無絕道。故為之服。若旁及之施。則母已族絕。無可推者。故無服。異。父昆弟。不過以母而推。在出母已為絕族。無施。況于嫁母乎。

子思之母死于衛、柳若謂子思曰、子聖人之後、四方于子乎觀禮、而子思以所聞告之、正與孔子喪具稱家有無之語相合、明是喪母之禮、未有以見其為出母也、且此只云死于衛、無赴于子思語、而柳若又為衛人、似乎子思亦同在衛、至後所記、乃有哭于廟及庶氏之母諸語、遂以此為出母之案、前後各異、而子思之誣、千古不改矣、公之喪、諸達官之長杖、達官、謂受命于君名達于上者、若府史而下、則長官自辟除、不謂之達、然惟其長杖、不及于貳、考之喪服五日授大夫杖、七日授士杖。雜記、古者貴賤皆杖。自叔孫武叔見輪人以其杖關轂而輠輪、于是有爵而後杖。則是杖。不止于長。此說非也。

昔者衛國有難、夫子以其死衛寡人、註以為齊豹作亂、公如死鳥、此衛國之難也、考之左傳、齊豹之亂、靈公如死鳥、析朱鉏宵從竇出徒行從公、北宮喜伐齊氏滅之、公入賜北宮喜謚曰貞子、賜析朱鉏謚

曰成子、則是以死衛公者析朱鉏賜謚貞子者北宮喜、二事二人、合而為一、揔以移之公叔文子之身、未可以為據也、

戰于郎、公叔禺人與鄰童汪踦往、皆死焉、按左氏哀公十一年、齊師伐魯、及清、公叔務人見保而泣、師及齊師戰于郊、公為與其嬖童汪錡乘、皆死、皆殯、事與此大同小異、但傳是戰于郊、非戰于郎也、或郎字郊字之誤。

虞人致百祀之木、可以為棺椁者斬之、不至者、廢其祀、刎其人、考周禮山虞之職、並無其事、此或是秦法、未可以為周制也、古年亦稱祀、祭亦稱祀、百祀郎百年、廢其祀者、謂褫其職、使不得祀、非百神之祀

也

魯莊公之喪既葬而經不入庫門註莊公爲子般所弑而慶父作亂按春秋莊公薨慶父使人賊殺子般季友立閔公閔公立而葬莊公二年慶父又弑閔公則殺子般弑閔公皆慶父所爲若莊公並未見弑乃以莊公爲子般所弑而慶父作亂春秋事實全不深考而以此註經何疎畧至是耶

王制九州之國與周禮不同註疏以爲王制是商制周禮是周制但所言九州王制之州方千里用開方之法以爲千里者爲方百里者百而于後揔計九州又云四海之内方三千里則用乘法以三三爲

九九州九九千里也、鄭康成以為周九州之界、方七千里而用乘法計之、為方千里者四十九、其論封國之數、皆用乘法而以一州之地有六千里、扭捏補救、以求合乎王制一州二百一十國之數、然其所言中國七千里、本無確據、而其宛轉求合之處、亦多支離、考王制之文、是以方千里之地合建五等之國、則有二百一十國、周禮之言、是以千里分建五等、以公則四、以侯則六、以伯則十一、以子則二十五、以男則百、皆是約畧筭計、明封五等之制度、不必定如是封法、且任土作貢、因地制宜、見之施行、自必有神明妙用、若必刻舟求劍、揣測臆擬、一一欲合其數、則聚訟紛紛、雖百筭博士窮日夜之力、亦不能

舉其要也、

王制論次國小國之卿大夫、亦與周禮不同、周禮典命惟公之孤四命、其卿則與侯伯之卿同三命、大夫則與侯伯之大夫同再命、士則與侯伯之士同一命、惟子男之卿再命、其大夫一命、其士不命、則是大國次國之卿、其命數相同、則其禮自相敵、惟小國之卿與大國次國之大夫同再命、小國之大夫與大國次國之士同一命、則是卿當其大夫、大夫當其士也、王制文云、小國二卿皆命于其君、而周禮子男之卿再命則亦有命于天子者、故鄭注以此文似誤脫、當云小國三卿、一卿命于天子、二卿命于其君、然三禮皆漢儒各以其所聞纂

壽祺案、以三禮皆漢儒所纂輯、此言過矣

集成書、其雜出各異者多矣、恐未必盡由誤脱也、且王制下文又云、大國之卿不過三命、下卿再命、小國之卿與下大夫一命、則是一書之中、已有不能盡同者、况合之他書乎、

王制同律禮樂制度衣服正之、按書同律度量衡、孔注解作齊同者、以下無别義、則當取其上一字以冠之、故同為齊同、律度量衡皆在所同之中、王制下既有正之兩字、則同律當作六同六律、解而凡同律禮樂制度衣服皆正之也、今註亦作齊同解、則既同矣而又正之、未免重複、凡解經當順經文、未可執一者類如此、

○樂正造士、春秋教以禮樂、冬夏教以詩書、雖未必截然兩分、然春秋

教禮樂、亦自有說、考月令、四時雖皆有習樂之文。惟孟春命樂正入學習舞。仲春命樂正釋菜。入學習樂。季秋命樂正入樂習吹。其夏與冬雖亦有習樂之事。然皆命樂師。不命樂正。且不言入學。周禮大胥掌致諸子。春入學。舍采合舞。秋頒學。合聲。此則春秋教以禮樂之證。也。習樂必行禮。故兼以禮言之。若文王世子又有春夏學干戈、秋冬學羽籥、及春誦夏弦、秋學禮冬讀書之語、則禮樂四時不廢。春誦之詩、亦是樂章、惟讀書則皆在冬時耳、然下又云、凡學、春釋奠于先師、秋冬亦如之、凡釋奠者必有合也、則冬讀書、亦先釋奠、釋奠則必合樂、是冬亦未嘗不學樂也、蓋四術之中、禮樂尤重、禮樂之中而樂尤重、故教官專屬之大樂正。

鄉學四不變、然後屏之、國學再不變、遂屏之、陳氏以為衆庶之家易治、世禄之家難化、易治、故三年大比、必四不變而後屏之、難化、故九年出學、雖二不變、亦必屏之、其説難通、國學中亦有俊選、不盡世禄之家。蓋鄉學以教愚者賤者、故寛其程、必四不變而始屏之。國學以教賢者貴者。故嚴其法、即二不變而已屏之矣。況鄉學在三年之後。而國學直至于九年。則以年而論。國學之二不變。視鄉學之四不變、則又寛矣。

學天子曰辟雍、諸侯曰頖宫、明楊慎引諸家之説、力闢其非學名、以為此出自漢儒之説然漢儒亦必有所授非憑空杜撰以欺世者考辟雍之名本于詩大雅因靈臺而併及之以作樂與臺囿魚鳥並言似乎非學然安知非文王始作合樂之宮而有天下之後遂定以為天子之學名如公劉之徹田太王之皐門應門冢土亦一時偶為之而後成一代之制也至于諸侯之學皆名頖宮魯頌泮水或學適在其旁故詩因以為名頖與泮音同字異固未可以魯之泮水遂盡廢天下諸侯之頖宮也孟子言學則三代共之然周立四代之學庠序校之外又有瞽宗米廩東膠成均諸名若以辟雍頖宮非學而以孟子一言為正則此數名者皆為漢儒撰出耶

凡制五刑必即天論郵罰麗于事論倫同、天倫謂五倫、即下所謂父子之親君臣之義是也。麗于事、即下所謂意論輕重之序、慎測淺深之量是也、此是言制刑之意、下是言聽訟之事、聽訟此理、制刑亦此理也、

五十不從力政、周禮鄉大夫之職、以歲時登其夫家之衆寡、辨其可任者國中自七尺以及六十、野自六尺以及六十有五皆征之、其舍者國中貴者賢者能者服公事者老者疾者皆舍、是國中六十野六十有五、方不從力役之政。惟戎事則或者六十可免矣。祭法五十不為甸徒。此力政當即指甸徒而言。田獵之事主于習武、則甸徒亦近

○此條入周礼

于戎服之類。第戎服是王事有急故六十始免。司徒是習武教讓故
五十即可以不預也。
庶氏掌除蠱毒以攻說禬之嘉草攻之註藥物其狀未聞按宗懍本
草注曰、蘘荷、嘉草也、蔣士先中毒、家人以蘘荷布席下、忽大笑曰毒
我者張少也、是蘘荷能治蠱毒。唐柳子厚有種白蘘荷詩、註、蘘蓴苴
也、堪為葅、是蘘荷有二種、一白一紅、大抵生于陸地、而好陰之物、所
謂嘉草者即此、此一條併入周禮

經義考異卷七

三禮

月令天子四時之食各有不同按周禮膳夫職凡王之饋食用六穀膳用六牲飲用六清羞用百有二十品珍用八物醬用百有二十甕王日一舉鼎十有二物皆有俎以樂侑食是王者之食諸物皆備惟大烖大故則減膳非必限定其時用其物也即云四時各有所主與時為宜則周禮羊人屬夏官而用之于春雞人屬春官而用之于夏又與時制不同此皆不可解者

仲春祀不用犧牲用圭璧更皮幣按肆師掌立國祀之禮大祀用玉

帛牲牷、次祀用牲幣、小祀用牲、是祭祀皆有一定之禮、無有不用牲者、獨于仲春一月、忽然變換、此何故耶、以為方字之時、則如孟春毋用牝可矣、若以為傷生、則春夏皆長養之時、何獨于仲春有傷、梁武帝信釋氏之言、用麪代犧牲、議者以為宗廟不血食、今以小不忍之故、致使有不血食之譏、其為失非細故也、況玉帛惟大祀始用、牲則凡祀皆用、今不用犧牲、而更以圭幣、則以次小祀而僭大祀、又何禮也、

季春天子命有司發倉廩賜貧窮振乏絶、此為一事、惠民之政也、開府庫出幣帛周天下勉諸侯聘名士禮賢者、此為一事、禮賢之政也、

賑民命有司行之、僅在畿内、畿外則自有諸侯各恤其民不用王畿之粟、名士賢者、在諸侯雖有貢士之典、然必王者加以禮幣、方見尊重、故出幣帛周天下、而勉諸侯以聘之禮之、周乃周徧之周、非周濟之周、禮賢故用幣、周民發粟而已、何須幣帛、且欲普天下而周之、恐罄内府之幣、猶不足也、

月令季春乃合累牛騰馬、遊牝于牧、孟夏遊牝别羣、則縶騰駒、班馬政、季秋習五戎、班馬政、按周禮校人春祭馬祖執駒、註、謂春通淫之時駒弱血氣未定、為乘匹傷之、故拘而執之、夏祭先牧頒馬攻特、註、謂夏通淫之後、攻其特、為其蹄齧不可乘用、俱與月令不同、又牧師

職孟春禁牧中春通淫註引月令季春之文而以為月令秦時書秦地寒涼萬物後動以解後一月之故然成周舊地即是秦地何得以此為解周禮夏頒馬月令多一政字而解為養馬之政令夫養馬在春何至于夏而始頒其政令至秋習戎又頒馬政因與夏同故又解為班布乘馬之政令其毛色之同異力之強弱各以類相從考周禮秋祭馬社臧僕冬祭馬步獻馬講馭夫此即頒馬政之事至于大祭祀朝覲會同毛馬而頒之軍事物馬而頒之則校人職掌臨事各有所用若習五戎只頒物馬不得以毛馬並言也

調竽笙篪簧註簧笙之舌蓋管中之金薄鐷也笙竽篪皆有簧觀此

則簧只是竽笙篴、通上下鞀鞞鼓琴瑟管簫干戚戈羽鐘磬柷敔諸樂器、只可言十八物、不宜云十九物

○補後三條

月令季夏命漁師登龜孟冬命太史釁龜筴占兆審卦吉凶按周禮龜人秋獻龜、龜人凡取龜用秋時攻龜用春時上春釁龜簭人上春相簭、則取龜在秋、釁龜在孟春與此不同、鄭註欲調停其說以為秦以十月為歲首、故孟冬釁龜在十月、然則周禮當用周正、上春釁龜宜在建子之月、又何以觧為建寅月也又龜有釁筮不釁、龜者龜人非太史、此皆其不同者、至于占兆審卦、則隨事隨時凡卜筮皆然又不必定于孟冬行事也

月令百縣或解為畿內之邑或解為鄉遂之地或解為諸侯所統之縣游移不一按周禮四甸為縣、四縣為都、又云以小都之田任縣地則王畿四百里之內、名為縣、與鄉遂諸侯無涉、但月令所載、多是秦法、秦以天下為郡縣、則此百縣只宜以郡縣之縣為解、不當又引周制也、

〇月令季夏命澤人納材葦按周禮澤虞職喪紀共其葦蒲之事、則惟有喪紀始共、無常職也、稻人喪紀、亦共葦事、

〇季夏之月土潤溽暑大雨時行燒薙行水利以殺草如以熱湯可以糞田疇可以美土疆按周禮薙氏、掌殺草、四時皆有政令、若欲其化、

則以水火變之、皆是人工、不待暑雨、與月令亦異、

月令季秋大饗帝嘗、天子乃教于田獵、習五戎、授車、司徒搢扑北面誓之、命主祠祭禽于四方、孟冬大飲烝、臘先祖五祀、勞農以休息之、天子乃命將帥講武、習射御、按周禮以嘗秋享先王、以烝冬享先王、不言在何月、而月令嘗在季秋、大司馬中冬教大閱、獻禽以饗烝、而月令之烝在孟冬、至于周禮四時之田皆在仲月、今月令季秋教獵、孟冬講武、時既不同、而季秋習戎誓衆、有似仲冬大閱之禮、祭禽四方又似仲秋治兵之禮、周禮司徒致徒役、司馬誓衆、而此以司徒誓衆、此皆秦制之不同于古者、若臘為蜡祭、當在十二月、而月令在孟冬、

猶可以周正十二月、即夏正孟冬、曲爲之解、乃八蜡所祭、兼及先祖五祀、或者秦之臘非周之蜡耶、郊特牲註、以皮弁素服而祭爲蜡祭、黄衣黄冠而祭、爲臘祭先祖五祀、又與月令註臘即蜡之説不同、然云息野夫也、則仍是蜡祭之服、

月令季夏命四監大合百縣之秩芻以養犧牲季冬命四監收秩薪柴以共薪燎命太史賦諸侯犧牲以共皇天上帝社稷之饗命同姓之邦共寢廟之芻豢命宰歷卿大夫至于庶民土田之數而賦犧牲以共山林名川之祀按周禮載師、以牛田牧田任遠郊之地、以小都之田任縣地大府職、四郊之賦、以待稍秣邦都之賦、以待祭祀甸師

職、帥其徒以薪蒸委人職掌斂野之賦斂薪芻以共祭祀賓客喪紀之薪蒸、則是薪芻俱出遠郊、若縣在小都、不共薪芻、且掌之者委人、亦非山虞等四監也、至于犧牲、則有邦都之賦、以待祭祀、故羊人職云、若牧人無牲、則受布于司馬、使其賈買牲而共之、原未嘗取之于民、即九貢中有祀貢、然不单指犧牲、遂人治野、凡國祭祀共野牲、則指鹿麋熊兔之屬、今乃賦犧牲以共祀、且又必定其所共之何祀、此禮俱戾于古、不可以訓、

天子賜諸侯大夫冕弁服于太廟、歸設奠、服賜服、于斯乎有冠醮、無冠醴、註以為醮是以酒為燕飲、醴則獨禮受服之人、考士冠禮、醴與

醮皆有醴賓以壹獻之禮第士冠禮云若不醴則醮用酒註以為此夏殷冠子之法今觀此則直是變禮故庶子只醮不醴然而冠義則但言醮不言醴以下有三加彌尊之語醮用三醮醴只一醴故言醮不言醴今諸侯大夫既不行三加之禮而反有醮無醴則以醮是變禮故也

壻免喪女之父母使人請壻弗取而后嫁之當以請壻弗取四字連讀蓋女家急于嫁而壻以餘哀未忘不敢急取故請而弗取而女之父母遂竟嫁之蓋郎嫁此壻非嫁他人所謂之字指此壻而言也若以為嫁于他人不特碍理于之字亦無着落矣

三月而廟見稱來婦也士昏禮若舅姑既沒則婦入三月乃奠菜祝曰某氏來婦敢奠嘉菜于皇舅皇姑婦拜扱地坐奠菜于席上蓋見死舅姑之禮今乃以見祖廟為廟見且改三月為三日此昏禮之大誤者以未細考禮文故也

士昏禮多有罣漏禮男女非有行媒不相知名若周禮媒氏掌男女之判今昏禮即自納采始不及行媒一失也納采問名本是二禮今乃合而為一則只是五禮不得為六禮二失也詳于女家而畧于壻家醮子揖婦皆宜在廟並不詳著其禮遂使後世以三月廟見改為三日見祖廟之禮此皆由士昏禮闕漏所致其失三也又昏禮親迎

服爵弁纁裳緇袘、而郊特牲以為服玄冕、同牢之禮用尊用爵四、惟三酳合卺用匏、而以為用陶匏、皆昏禮之互異者、至于雜記言婦見舅姑兄弟姑姊妹皆立于堂下西面北上、是見已見諸父各就其寢、昏禮亦不載其事、皆為疏畧、

○曾子問喪有二孤、孔子舉衛靈公弔季桓子之喪康子拜稽顙于位、為二孤之始、按春秋哀公三年季桓子卒、時衛靈公已卒、故註者以為經訛、為靈公實出公也、然春秋並未書有衛侯來魯之文、且是時出公新立、晉納蒯聵、外患方殷、豈敢為越國之行、至于季康子之卒、在哀公二十七年、時孔子卒已久、不當便舉其謚、揔之戴禮所記多

係漢儒傳聞傳會、未必真有是事真有是言也、
喪慈母如母、慈母、孔子言君命所使教子也、與男之傳同、而註謂妾
之無子者、養妾子之無母者、謂之慈母、孔子下文引魯昭公少喪其
母、有慈母良、及其死也、練冠以喪之、則所云慈母、又正如註中所解、
而非君命所使教子之謂、前後不相照應、殊不可解、內則、子生、擇諸
母為子師、其次為慈母、則慈母原有二等、不可概論、喪服小記云、慈
母與妾母不世祭、既有祭、自有服可知、
曾子問當祭而太廟火、則如之何、孔子曰、接祭而已矣、如牲至未殺
則廢、註以祭為宗廟之祭、夫太廟即宗廟也、即使群廟、亦在太廟之

左右也、太廟而火、切近災矣、雖捷祭亦不宜也、但言當祭宜以外祭爲解、非宗廟也、

○曾子問下殤土周、葬于園、遂輿機而往、塗邇故也、今墓遠、則其葬也如之何、按土周、即夏后氏之堲周、解以爲堲者火之餘燼、蓋治土爲甎而四周于棺之坎也、夏世尚未有棺槨、故爲堲周、至周以之葬中殤下殤、則土周不用棺、但以機輿尸而往、以園塗邇故也、今墓遠不宜輿尸、則其葬也宜如之何、故孔子引史佚以棺斂于宮中之事答之也、註乃言今世禮變、皆棺斂下殤于家、則其葬不用輿機、當用人舉棺以往乎、或用車載棺而往乎、如是則下文孔子所答、乃是贅語、

與問意全不相照應矣、

王制夏后氏養國老于東序、養庶老于西序、周人養國老于東膠、養庶老于虞庠、而文王世子云始之養也適東序、後又命公侯伯子男及羣吏曰、反養老于東序、以周人而用夏后氏之禮、何也、且天子視學、即行養老、註乃云、天子視學在虞庠之中、事畢反國、明日乃之東序而養老、分爲兩事兩日、蓋緣不知周之學制、故彷彿無據、率爾立論如此、大抵周有鄉學、即鄉校黨庠州序、設于鄉者是也、有國學、即壁雍頖宮及上庠下庠、諸學是也、國學即是大學、在國之西郊、若小學乃是教王及諸侯之世子者、周禮師氏所掌、居虎門之左、王制所謂在公宮南之左者是也、今乃以東膠東序為大學、在王宮之東、西序虞庠為小學、在西郊、又以上庠右學為大學、在西郊、下庠左學為小學、在王宮之東、混亂游移、莫定指歸、宜其解之支離也、

天子之席五重、諸侯之席三重、註以為天子祫祭其席五重、諸侯相朝賓主席皆三重、按周禮司几筵掌五几五席之名物、凡大朝覲大饗射凡封國命諸侯王位設莞筵加繅席次席、祀先王昨席亦如之、諸侯祭祀席蒲筵加莞席、昨席莞筵加繅席、筵國賓于牖前亦如之、是天子大饗。席只三重。諸侯相朝。席只再重。其所謂五重五席者。亦統言其數。不必盡用也。天子之席、有莞繅次三者。又有熊席。甸役

則設之。諸侯無次席，熊席而莞繅之外加以蒲席，故曰三重。天子不用蒲席，然上得以兼下，故曰五重五席也。

大路繁纓一就，次路繁纓七就。按周禮，王之五路：一玉路，樊纓十有二就，以祀；二金路，樊纓九就，以賓，同姓以封；三象路，樊纓七就，以朝，異姓以封；四革路，條纓五就，以即戎，以封四衛；五木路，前樊鵠纓，以田，以封蕃國。則此所謂大路者，木路；所謂次路者，象路也。郊特牲又云先路三就，次路五就，則次路者革路也。無三就者，未知先路是何路。故解者以此為殷之路，與周不同。但考之春秋傳，大路越席，注大路，玉路。癸天車賜晉文大路，注大路，金路。鄭伯賜子展先路三命之服于產次路再命之服是先路貴于次路也。今先路反三就次路反五就。制亦不合。然即此以觀則三路之名周亦有之不必盡為殷制也。

周旅酬六尸、註以為周家祫祭之時后稷尸尊不與子孫為酬酢毀廟之祖又無尸故惟六尸自為昭穆次序行旅酬之禮觀此則天子七廟、太祖之外、三昭三穆、上及六代、後儒議禮、以為僅祀四親者、其說非矣、

臺門而旅樹反坫。此。皆。宮。廟。之。制。故明堂位曰反坫出尊、崇坫康圭、天子之廟飾也、按爾雅庭謂之坫、註在堂隅坫端也、士冠禮執匴[illegible]

以待于西坫南。註、在堂角。士虞禮、饌于西坫上。既夕云、設棜于東堂下、南順。齊于坫。內則云、士于坫一。是坫在堂中室上。皆有所異者。反坫耳。明堂位所言出尊兩字、正解反坫之義。燕及大射禮、尊皆在東楹之西。坫本在堂角、今反在楹。出于尊外、與他制不同。故名反坫。古者享于廟、燕于寢。故皆有反坫、惟天子諸侯得有之。故夫子解之曰、邦君所以有反坫者、為兩君之好故也。大夫無兩君之好。而其宮亦有反坫。則僭禮矣。此僭宮室之制。非僭宴享之禮也。汲冢〔逸〕周書云、乃立五宮。咸有四阿反坫。注云、反坫、外向室也。黃東發亦云、反者向外之名。坫者、別設大門屏之名。然則為兩君之好有反坫者、蓋欲容其

儀衛之與。而為此向外之室。據字坫從土、非木所為、是坫反非反爵也、細思自解、

郊之用辛也。註謂用冬至後辛日。按曲禮言大饗不問卜、謂郊祭定在冬至、不用卜日、此又用辛、何得郊有兩日、葢郊有不同。有大郊小郊。南郊圜丘之祭。是大郊。故大司樂云、冬日至于圜丘奏之則天神可得而禮矣。此祭天之郊。與方澤祭地為對者也。若對社而言之郊。皆是小郊。小宗伯兆五帝于四郊。如類上帝、旅上帝、祈穀上帝、龍見雩帝、季秋饗帝諸事。皆謂之郊。二至之郊。及旅郊類郊。惟天子得行。而祈穀夏雩秋饗。則諸侯皆得行之。故魯之郊皆是小郊。其日則用

郊春秋成公十七年有秋七月辛丑用郊子服景伯謂吳太宰曰魯
將以十月上辛有事于上帝此其證也今用辛之郊對社而言正是
小郊而以冬至之大郊混之毋怪乎後儒聚訟之紛紛也又大宗伯
之職祀大神帥執事而卜日郊特牲亦云卜郊則大饗不問卜之語
亦未可遽信至司常職又載凡祭祀各建其旗王祭祀之車則玉路
所建者大常十有二斿若龍旂則九斿而已今乃乘素車而建旂又
以為十有二斿此皆按之于禮而不盡合者也
黃目鬱氣之上尊也按周禮司尊彝彝有六春祠夏禴祼用雞彝鳥
彝秋嘗冬烝祼用斝彝黃彝追享朝享祼用虎彝蜼彝是六彝各有

所用今乃獨舉黄彝以為上尊明堂位亦言鬱尊黄目又以為夏后氏以雞彝殷以斝周以黄目其獨重黄彝之故與周禮不合記者之誤也

○郊特牲前解尸云陳也後解尸云神象也前解字義後解意義必合二説而尸字之義始備注以前説為記者之誤非是

○季春出火本周禮司爟職之文記禮者引而解之遂以為焚草蒐田之事然大司馬蒐田則在仲春田畢火弊遂獻禽以祭祀非祭社也社祭固在仲春然非因蒐而社又因火田之故而引季春出火移之仲春牽合傅會無一當者

少者　執牀與坐、觧者以為安身之几坐非、今之臥牀考牀自古有之、孟子舜在牀琴、周易剝牀以膚、詩載寢之牀、或息偃在牀、春秋傳楚薳子馮辭疾、方暑、闕地下冰而牀焉、重繭衣裘、鮮食而寢、邾隱公自投于牀、趙文子言牀笫之言不踰閾、檀弓樂正子春坐于牀下、喪大記廢牀、寢地、閒傳禫而牀、皆是臥牀、未見其為坐几也、今此云執牀與坐、牀而可執、且云與坐、則或如後世之胡牀繩牀者坐具亦名牀、不可以此而謂牀非臥牀也、

漿水醷濫、註以醷為梅漿、按周禮四飲、二曰醫、註以為內則或以酏為醴、即醫之辭、而鄭司農以醫即內則之醷、而康成不從、但考漿人

六飲所謂水漿醴酏、即内則之重醴酏漿水、所謂涼、即内則之濫、則醫者即内則之醷可知矣、以酏為醴、亦在醴中、不得更名醫醷既為梅漿、則醫亦是梅漿、又可知也、

○内則牛宜稌而月令每季月天子食稷與牛羊宜黍鴈宜麥而春食麥與羊仲夏以雛嘗黍豕宜稷而冬食黍與彘孟夏以彘嘗麥犬宜粱而秋食麻與犬以犬嘗稻且天子食用六穀稌黍稷粱麥苽無菽而夏食菽與鷄月令天子四時食物之法○杜撰無意義○按之内則益可見矣、

○由命士以上及大夫之子旬而見註讀旬為均謂適子妾子有同時

生者雖是先生者先見後生者後見然皆在夫未與婦禮食之前故曰均而見此註增飾傅會殊不可解應氏解作每句一見又于上下文勢不貫按句只作十日解為是三月見子、乃卿以上之禮、命士及大夫越句而即見也、下文未食已食、又是言君見冢子適子庶子之禮、此處無已食未食之意、註改句為均、故委曲難明、即如周禮均人公旬、註亦作均解、然本文前後皆有均字、而此獨作旬、則是旬非均明甚、其曰公旬者、亦曰十日之中用三日、十日之中用一二日、大槩言之、以示上下之别、非必限定以十日為率也、漢儒解經、每有穿鑿而無味者、此類是也、聽朔于南門之外閏月則闔門左扉立于其中鄭氏謂天子廟及路寢皆如明堂制明堂在國之陽每月就其時之堂而聽朔焉卒事還處路寢尋常則居燕寢疏引皇氏謂明堂有四門即路寢亦有四門閏月各居其時當方之門觀此則月令所謂天子十二月各居十二堂者亦聽朔所居耳非久處也

周禮司服玄端者天子齊服玉藻言玄端而居似與此異君命屈狄内司服作闕狄禮衣作展衣褖衣作緣衣夫人揄狄謂内夫人及侯伯之妻君命屈狄謂子男之夫人二王之後夫人亦褘衣至于内命婦之服鄭註謂鞠衣九嬪也展衣世婦也緣衣女御也外命婦其夫

孤也、則服鞠衣、其夫大夫也、則服展衣、其夫士也、則服緣衣、而玉藻謂再命鞠衣、則子男之卿、一命禮衣、則子男之大夫、士褖衣、則子男之士、世婦命于奠繭、則必俟蠶畢獻繭、命之服、乃服、與周禮之説俱不同、

君無故不殺牛、註謂天子膳用六牲、則無故亦殺牛、此言國君也、然上云、天子日食少牢、朔日太牢、則亦無故不殺牛、周禮膳夫職乃言王日一舉、日一太牢、齊日三舉、則三太牢、夫日一太牢、已為過殺、至齊以清潔為主、反日用三太牢、散齊七日、致齊三日、當用三十太牢、古之天子、不如是之奢縱也、此又當以玉藻之言為正。

壽祺案齊斬之別載在礼經礼經乃周之遺文何可[illegible]

喪服小記為母括髮以麻免而以布註父喪小斂後拜賓竟子即堂下之位猶括髮而踊母喪則此時不復括髮而着布免以踊考士喪禮其母之喪小斂既馮尸主人袒髻髮絞帶衆主人布帶並無着布免以踊之事蓋免而以布句乃言免用布不用麻另是一事不連上為母句也又言苴杖竹削杖桐註以為父母之別而士喪禮云杖下本竹桐一也蓋古父母之喪無貴賤皆一故士喪禮註云士喪其父母從始死已殯之後未葬之前皆錄之自漢儒分為斬衰齊衰二服遂致厚父薄母禮制紛紛不同矣

喪服小記奔母之喪不括髮按奔喪奔母之喪皆如奔父之禮于又

哭不括髮後、又申言之曰、為父所以異于父者、壹括髮其餘免以終事、他如奔父之禮、今以為不括髮而免、與奔喪之文互異、

禮不王不禘、註以周禮肆祼獻為禘、按周禮大宗伯、以肆獻祼享先王、以饋食享先王、此凡祭皆有、而獨先言之者、所以別于上文實柴槱燎諸禮也、且疏以肆獻祼為祫、以饋食為禘、而此以肆獻祼為禘、與疏亦不合、但疏以祫為大祭、禘為次祭、似祫大于禘、而此經下云大夫士干祫及其高祖、則祫即是禘、蓋祫只是合祭之名、王制祫禘祫嘗祫烝、皆名祫、王者大祭只有一禘、並未有祫者之諸經自見、以為三年一祫五年一禘者、此漢儒之誤解經、而後人遂因之不改、實

未知于古禮何如也、

不疑在躬疑思問也不度民械不逆詐不億不信也不顧于大家趙孟之所貴趙孟能賤之也此皆君子修身處世之大節也○

貳車、諸侯七乘、上大夫五乘、下大夫三乘、註引周禮大行人貳車公九乘之文為証、又引典命云、卿六命、大夫四命、車服各如命數與此不同者、或周禮成而未行、亦或異代之制也、考孟子、天子之卿受地視侯、大夫受地視伯、則天子之卿大夫、固與外之侯伯同、但以其在内、故祇四命六命、所謂陰數臣道也、及其出封、皆加一等、則卿為七命之侯伯、大夫為五命之子男、大抵車旗衣服、雖視命數、然其降殺

以鷸因其制多奇故六命者降而從五四命者降而從三如後世借緋借紫之類亦其遺意也

加夫襓與劍爲註夫襓劍衣也然衹襓是劍衣耳夫語辭連夫字釋之非是

大章〻之也咸池備矣疏以大章爲堯樂咸池爲黃帝樂而周禮大司樂以雲門大卷爲黃帝樂大咸爲堯樂註以爲咸池本黃帝所作樂名堯增修而用之存其本名猶曰咸池不增修者則改本名〻曰大章周公作樂更作大卷大卷則大章〻名雖堯樂其體是黃帝樂故大卷一爲黃帝樂又以堯時存黃帝咸池爲堯樂名則更與黃帝

樂立名、名曰雲門、則雲門與大卷為一名、故下文分樂而序之、更不序大卷也、此皆曲為之說、無所存據者、姑存之以俟再考、

○人生而靜、○天之性也、感物而動、性之欲也、此四句本老子之言、見于文子所引者、漢世崇尚黄老、故作記者引而用之、今遂與儒者之言並傳矣、

○流辟邪散狄成滌濫之音作而民淫亂、此即所謂淫聲也、凡聲過其節即謂之淫、故後云聲淫及商、亦只是過節、非武有淫聲也、今乃以為男女宣淫之淫、至以鄭聲淫一語、遂併其詩皆解為男女相悅之詞、失其義矣、

武王克殷反商、反字註讀為及、言牧野克殷師之後、即至紂都、夫牧野在商郊、即紂都也、何必重言之、書乃反商政、反商之義、盍取諸此、不必改字而為之曲說也、

左射貍首、右射騶虞、註左東學也、在東郊、右、西學、在西郊、夫大學在國之西郊、未聞東郊有學也、天子以騶虞為節、諸侯以貍首為節、其曰左右者、以天子諸侯不當以學分、註以為東學西學者、蓋由王制有右學左學之文而誤解之、然王制左學解為小學、在王宮之東、亦非東郊也、

曲禮天子死曰崩、諸侯曰薨、大夫曰卒、士曰不祿、庶人曰死、而雜記

赴告之詞，君及夫人，皆曰不祿，大夫赴于敵者及士，亦曰不祿，大夫赴于君曰死，士赴皆曰死，大子之喪亦曰死，則曲禮所記，是恒稱，非赴告所稱也。

大夫居廬，士居堊室。按孟子諸侯五月居廬，是居廬者諸侯之禮。○後又云，三年之喪，廬堊室之中，疏衰皆居堊室，不廬。註謂斬衰居倚廬，齊衰居堊室，大功有帷帳，小功緦麻有牀笫，則似居廬之禮，凡斬衰皆然。而喪大記又言，父母之喪，居倚廬，不塗，君為廬宮之，大夫士禮之，既葬，柱楣，塗廬，不于顯者，君大夫士皆宮之，非適子者，自未葬以于隱者為廬，既練居堊室，既祥黝堊，父在為母，為妻期者，亦居廬，是

初喪皆居廬而君與大夫異制既練方居堊室士禮亦言居倚廬禮

文雜出不同要當以孟子之言為正

大夫卜宅與葬日有司麻衣布衰布帶因喪屨緇布冠不蕤占者皮

弁筮則史練冠長衣占者朝服士喪禮筮宅主人免絰卜日族長涖

卜及宗人吉服主人亦免絰大夫士之禮或不同于君記禮者各記

所聞耳

朝夕哭不帷無柩者不帷按士喪禮始死既奠帷堂君使人弔徹帷

君使人襚徹帷小歛卒徹帷此帷于室者也大歛帷堂卒歛徹帷此

帷于堂者也檀弓曾子曰尸未設飾故帷堂小歛而徹帷喪大記賓

出徹帷、註言此君與大夫之禮、士禮小歛畢即徹帷、皆言小歛而不及大歛、言帷堂而不及帷室、此記禮之不同處、至士殯塗上帷之朝夕哭、則搴舉其帷、故禮弓曰帷殯非古也、自敬姜之哭穆伯始也、則此不帷者殯之帷也、

君若載而后弔之、則主人東面而拜、門右北面而踊、出待反而后奠、是既載後原有弔禮、故曾子弔于負夏、主人推柩而反、以為不知禮、但其所謂降婦人而后行禮、註以為婦人已降在兩階之閒、既反柩復升堂、至明日還柩向外、降婦人于階閒、而後行遣奠之禮、則似多一曲折、葢既祖、婦人猶未降、至反柩乃降婦人而后行弔禮、此所謂

失禮之中又失禮焉者也

士喪有與天子同者三其終夜燎及乘人專道而行終夜燎註謂遷柩之夜須光明達旦考士喪禮既襲宵為燎于中庭厥明滅燎陳衣大歛之夜為燎于中庭厥明滅燭既夕二燭俟于殯門外啓殯燭入遷于祖燭從朝廟(祖)奠後宵為燎于門內之右厥明滅燎執燭是終夜燎者乃襲與大歛及朝廟之夜若遷柩之夜用燭而不用燎舉此為誣失之矣

鑿巾以飯公羊賈為之也士喪禮襲事布巾環幅不鑿襲時商祝執巾從入徹枕設巾徹楔受貝主人實米實貝是設巾以承米若覆面

案此條亦謬方氏不信儀礼彼有此言

案此條亦謬

則自有慎目也

雜記縣子曰、三年之喪如斬、期之喪如剡、古喪只有齊衰、無斬衰、故孟子言喪禮云、齊疏之服、自縣子有三年如斬之言、及春秋傳記齊晏桓子卒、晏嬰麤衰斬苴絰帶之事、後儒誤解、增為父斬衰之服、遂自漢至今遵之不改。

雜記以喪冠者、雖三年之喪可也、曾子問註乃云齊衰以下可因喪服而冠、斬衰不可、豈知古無斬衰、曾子問所云齊衰、即雜記所言三年之喪也、何得以臆見自為分別耶

○諸侯之喪、匠人執羽葆、御柩、周禮鄉師之職、大喪及窆、執纛以與匠

師御柩、是天子之喪、御柩者鄉師、與匠師、諸侯則用匠人耳、纛者羽葆幢也、

外宗為君夫人猶内宗也、註外宗謂君之姑姊妹之女、及舅之女、及從母、皆是、按周禮内宗、凡内女之有爵者、註謂王同姓之女、謂之内宗、外宗、凡外女之有爵者、註謂王諸姑姊妹之女、謂之外宗、據此則内宗五屬、亦是同姓、不得以親疎分為二、外宗則祗是諸姑姊妹之女、蓋姑姊妹是同姓、其所生者、故謂之外宗、若舅女及從母、是外親非外宗也、至姑之子婦、從母之子婦、亦是外親、不得為外宗、此註誤也、

○釁廟之禮、祝宗人宰夫雍人皆爵弁純衣、按周禮、釁廟之禮、小祝所掌、宰夫掌祭祀之戒具與其薦羞、從太宰而眡滌濯、外饔掌祭祀之割亨、共其脯脩刑膴、陳俎豆賓之牲體魚腊、釁廟而用宰夫雍人、與周禮異、

○士之喪二日而殯、士喪禮殯在第三日、蓋連死日筭之、則為三日、除去死日筭之、則為二日也、

○喪大記大夫設夷盤造冰焉、士併瓦盤無冰、士喪禮士有冰用夷槃可也、二禮不同、然言有冰、言可也、則亦偶用之、或出于君賜、非常典也、大斂、士陳衣于序東西領南上、士禮陳衣于房南領西上、此時尸

已襲于堂矣、何為又陳衣于房耶、

君之喪、大胥是斂、中胥佐之、按周禮、王崩、小宗伯涖大斂小斂、大祝贊斂、喪祝卿大夫之喪掌斂、士喪禮、商祝掌斂、士舉遷尸、贊斂、掌斂只是贊之、掌之、不必親斂也、古府史胥徒皆為在官、列于八職、司徒有閭胥、胥師及胥之職、不止樂官有大胥小胥、此大胥衆胥、或只是庶人在官之胥、是斂、蓋親尸者、故使胥、不必改為祝也、

上大夫大棺八寸、屬六寸、下大夫大棺六寸、屬四寸、按春秋、趙鞅誓師曰、若其有罪、桐棺三寸、不設屬辟、註以設辟為僭制、然左氏自解曰、下卿之罰也、則是上卿有辟、下卿不設屬辟、左氏之言、不猶信而有

徵乎、

劉氏論祭法、而以句芒為舜之曾祖、蓋本大戴禮、夫句芒、少昊之子重也、安得為舜之祖、舜之祖句望、句望無功德可考。大戴禮作句芒。而遂疑為木正之句芒。以為有功當祖。則誤矣。至國語言有虞氏郊堯而宗舜則舜為嚳字之誤、有虞氏不當宗舜、舜未死也、下殷人禘嚳、亦誤作舜、此舜字既當為嚳、則前舜字亦當為嚳、不得以有虞氏而疑之、

祭法王立七祀、與曲禮王制月令諸經皆異、其一曰司命、考周禮既言以槱燎祀司中司命、又言以血祭社稷五祀、則司命屬天神、五祀

厲地神、其不得以司命列在五祀也明矣。至鄭註以五祀為五官之神、則又誤、五官之神、以配五帝、又安得自列為五祀、與社稷五嶽同為血祭也、

無聲之樂、氣志不違、五聲五節、俱用韻語、如古歌謠、乃贊歎之詞、易之繫辭、亦多用韻、所謂贊周易者、古贊體多用韻。

貧而好樂、富而好禮、與貧而樂富而好禮語同而意異、此樂加好字、且與禮對、當為禮樂之樂、若音洛、則好而又樂、不成文理矣。貧而好樂、如簡兮之碩人、由敖之賢者、是其類也、

與異姓同車不同服、同車是暫時之事、如車右御者皆可同車、若五

服有章，自不容假借，故車可同服，不可同解者，乃以爲服之長短廣狹因人而異，勢不可同，不論禮而論勢，所見者小，且與示民不嫌之旨相悖矣。

○南人有言曰：人而無恒，不可以爲卜筮。爲即作，此南人之言，即論語所引，非有二也。但此下文自解之曰：龜筮猶不能知也，而況于人乎。故以爲卜筮作求古于卜筮解。論語作巫醫，雖下無解語，然意亦如是，言無恒之人，非巫所能禳，醫所能醫也。不然，無恒者凡事不可作，巫醫亦不甚賤，而獨舉此，何耶。

奔喪章凡爲位非親喪齊衰以下皆即位，此節是言聞齊衰以下之喪未即奔喪而為位成服之禮故末句申明之曰凡所為位家遠則成服而往也解者乃以三日五哭卒以上為未至家之禮主人出送賓以下為既奔喪至家之禮則中間少一段奔喪至家之文恐上下文勢不當如是

案此條繆亦如前

問喪曰為父苴杖間傳曰斬衰服苴又曰斬衰貌若苴按麻之有子者曰苴〻非可杖亦非可服也此其說與斬衰之義蓋皆由于讀春秋傳而誤者春秋傳齊晏桓子卒晏嬰麤縗斬苴經帶杖菅屨麤縗句斬苴經帶句言斬苴以為經帶也漢儒誤讀以麤縗斬為句遂立一斬縗之名又以苴經帶杖為句遂有苴杖之名然又自解曰苴杖

竹也、竹苴有名苴者乎、既曰斬衰服苴、又曰貌若苴、則此若苴者、人
之貌乎、服之貌乎、此皆説之不可通者也、
有從無服而有服、公子之妻、為公子之外兄弟、註以為服公子外祖
父母從母緦麻、而為之説曰、此等皆小功之服、小功者、謂為兄弟、若
同宗直稱兄弟、以外族、故稱外兄弟、夫小功可以謂為兄弟、不可以
兄弟即代小功、且服公子之外小功則宜服小功、不宜服緦麻矣、夫
記明言外兄弟、則直是外兄弟、不必另求別解也、公子為外兄弟緦
麻、妻則無服、今以外兄弟至親、故妻亦不為之降、所謂從無服而有
服也、如妻之父母本有服、公子厭于君降而不服、則謂之從有服而

此條亦信儀礼

無服其義一也

君之母非夫人則羣臣無服惟近臣及僕驂乘從服唯君所服服也

既以為君母是適夫人則羣臣服期非夫人則君服緦故羣臣無服

按春秋傳昭公之母齊歸非夫人也昭公葬齊歸不慼晉叔向曰君有大喪國不廢蒐有三年之喪而無一日之慼國不恤喪不忌君也夫叔向晉之知禮者也曰大喪曰有三年之喪則母以子貴既曰君之母雖非夫人也亦夫人矣君三年羣臣豈得無服耶以為君服緦而羣臣無服者此漢儒之禮非周禮也

儒有道塗不爭險易之利冬夏不爭陰陽之和近于墨氏之摩頂佛

氏之捨身，而乃云愛其死以有待，養其身以有為，上下語氣自相矛盾。若鷙蟲攫搏不程勇者，引重鼎不程其力，乃暴虎馮河，死而無悔之徒。至于毀方瓦合，患難相死，又皆策士游俠阿世取容、背君死黨之所為，而以語儒行，可乎？善乎李氏曰：儒行十五條，旨意重複，蓋戰國時豪士所以高世之節耳，非孔子之言也。得其旨矣。

冠義疏曰：冠之年，天子諸侯皆十二。按家語，成王十三而嗣位，明年既葬武王而冠。魯襄公生十二年，晉悼公曰：國君十五而生子，冠而生子，禮也，君可以冠矣。是天子諸侯之冠，原無定年，然必在十五以前、十二以後，非必定在十二也。孟懿子曰：天子未冠即位，長亦冠也。

乃孔子曰、古者王世子雖幼、其即位則尊為人君、人君治成人之事者、何冠之有、鄭特牲又曰、公侯之有冠禮也、夏之末造也、然成王即位二年而後冠、襄公即位九年而後冠、史佚祝其詞、左氏以為禮、則所傳者未必真孔子之言也、

厥明、舅姑共饗婦以一獻之禮、士昏禮饗婦即在盥饋之日、是婦至次日、此云厥明、是第三日、共饗婦者、舅與姑共之、舅為獻、姑為酬、故舅洗于南洗、姑洗于北洗、婦飲姑爵畢則奠之、故曰奠酬、婦既盥饋、故舅姑以此荅之、舅姑尊、婦不敢行酢爵、故言獻言酬而不言酢也、疏必增一酢舅酬姑之禮、未免膠柱而鼓瑟矣、

士昏礼記明有婦酢舅當從疏

○昏禮奠鴈、朱子以為順陰陽往來之義、夫鴈春則自南而北、秋則自北而南、在北則為陽來陰往、在南則為陰來陽往、今在北方用之則順矣、在南方用之、毋乃逆乎、程子以為取其不再偶、夫嘉禮方成而遽取不祥之義、以為禮、將所謂好逑偕老之意安在也、夫鴈者大夫之贄也、婿見必有贄、而昏禮下達、又云攝盛、故乘墨車奠鴈、皆以士而行大夫之禮、非有他義、第古者執贄、卿羔大夫鴈、名為二生、故鴈必用生者、今南方或無鴈、乃以木為之、且或有代之以鵞、則失禮意愈遠矣、

聘義、君使士迎于竟、大夫郊勞、按聘禮、君使士請事、遂以入竟、則非

迎也、賓至于近郊、君使下大夫請行反、君使卿朝服用束帛勞夫人
使大夫勞、是君使大夫請行郊勞者、卿、大夫則夫人所使勞者也、三
讓而後傳命、儀禮不載其禮、乘禽日五雙、儀禮亦未有其數但云賓
三拜乘禽于朝、考周禮王待子男、饔餼五牢、乘禽日五十雙、今聘禮
饔餼既如王待子男之禮、而乘禽僅五雙、厚其大而薄其細、何也、且
儀禮言三拜乘禽于朝、則是自始至終、僅有三賜、非日給者、且親往
拜賜、似此爲特典、非常餼比、聘義曰字、當必因周禮之文而臆計之、
三禮之不可比而同也、此又其小者矣、
冠義昏義鄉飲酒射燕聘諸義、皆本儀禮之文而爲之釋、故皆以義

繹説

名其中亦有穿鑿不可解處恐制禮之意原不如是大抵儀禮所載多是禮文儀節繁縟纖悉瑣碎故聘義亦云酒清人渴而不敢飲肉乾人飢而不敢食日暮人倦而不敢解惰非强有力者弗能行也朱子欲分三禮經傳以儀禮為經周禮々記為傳然儀禮只是儀所記者多士禮非如周禮々記潤大閎肆無所不具故仲長統以周禮為經禮記為傳鄭樵亦謂周禮儀禮乃周人之禮而所謂禮記特二家之傳註耳究之三禮皆非周人之禮不過漢儒各以所聞纂集成書故以三禮互相校對或彼此同異謬記不一或先後矛盾舛錯不倫故後人議禮之家紛如聚訟傳授承誤各持所見必欲左此而右彼

別其孰為經孰為傳正未可輕為論定也

苦菜秀楊慎引神農本草觧苦菜一名荼草一名游冬又引詩誰謂荼苦堇荼如飴及爾雅荼苦菜也為証然顏氏家訓引易通卦驗玄圖云苦菜生于寒秋經冬歷春乃成一名游冬葉似苦苣而細斷之有白汁花黃似菊本草亦云凌冬不死則苦菜至春已成矣何至夏反秀耶且今之茶即古荼字自顏師古陸德明轉荼入茶音至陸羽茶經玉川茶歌趙賛茶禁遂以茶易荼則苦菜非荼也慎又按唐王冰注素問引古月令四月吳葵華而無苦菜秀一句唐本草注吳葵云即閔河間謂之苦菜者俗作鵞兒菜又名野苦蕒則此說近是吳葵

即苦菜、故月令去吳葵華之句、而改為苦菜秀、其義一也、此一段歸入月令

○

靡草死、楊慎引呂氏春秋云、孟夏之昔、殺三葉而穫大麥、注、昔、終也、三葉、薺、葶藶、菥蓂也、見三葉死則大麥可穫矣、此靡草死之解也、然考稷教民樹藝之法曰、五時見生而樹生、見死而穫死、又曰、五穀生于五木、氾勝之曰、黍生于榆、大豆生于槐、小豆生于李、麻生于楊、大麥生于杏、小麥生于桃、稻生于柳、五木自天生、五穀待人生、故五穀候于五木也、故曰見生而樹生、靡草死而麥秋至、草木黃落禾乃登、故見死而穫死也、然則靡草者只是泛言柔靡之草耳、不必專指

三葉也、此一條併入前月令

鶪始鳴、鶪即博勞也、左傳謂之伯趙、樂府謂之伯勞、禽經注云、伯勞飛不能翺翔、直刺而已、形似鸜鵒、但鸜鵒喙黃、伯勞喙黑、以此別之、易林曰、鶪必單栖、鶩必匹飛、此鳥好隻飛、未嘗雙、性亦能搏擊、鷹集于林、則盤旋鳴聒、俟鷹飛輙擊之、俗呼為鳳皇皂隸、言百鳥畏之也、蜀中名駕鶩、滇中名鐵鸚哥、又名榨油郎、五更輙鳴不止、至曙乃息、

此一條併入前月令

孔子生平莫大于修詩書禮樂賛易數大事乃自秦火
以後異同雜出以僞亂真至宋儒而穿鑿武斷改後換前
聖經之害有不可言者史記謂孔子序書傳編次其事蓋
以書序為孔子作也而或者乃以為尚書與論語孝經同
藏孝經乃後人附會成書尚書亦屬齊魯諸儒附會
作序然考之漢志孔子纂書上斷于堯下迄于秦凡百篇
而為之序隋志亦云孔子刪書別為之序而孔安國大序曰先君
孔子討論墳典斷自唐虞下迄于周舉其弘綱撮其機要
足以垂世立教典謨訓誥誓命之文凡百篇則刪書書

序在漢儒者莫不以為孔子所作而何為獨疑之葢以尚書有今文古文之異今文出于伏壁漢世早立學官古文出于孔壁至武帝末孔安國始上之書序與古文同出孔安國承詔作傳因以書序各冠其篇首傳成未上而巫蠱事起古文尚書雖藏書府未及立學而孔傳則竝未獻之官祇私與古文寫本授之都尉朝等至後漢而古文之名日盛終不立學晉永嘉之亂今文歐陽大小夏侯之傳竝亡秘府所存有古文尚書經而無傳于是豫章內史梅賾始得安國之傳奏之則是古文出于漢代行世已久

至晉梅賾所上者孔傳也非古文也自朱子不解其故以為孔書至晉方出疑為僞作而元吳澄附和之大張其詞後之宗朱氏者竟以古文為僞遂并書序而亦疑之然其始終源流傳記可考無容妄議也至于東萊張霸因成帝求亡書四十五篇遂釆左氏傳書序為作首尾僞稱百兩篇獻之于朝時即以中書校之知其非是已黜其書不得援此為比若乃以孝經亦為僞作則又朱熹吳澄之見也考漢書班固志云孝經孔子為曾子傳孝道也孝經鉤命訣曰孔子云欲觀我褒貶諸侯之志在春

秋崇人倫之行在孝經何休取其語以註春秋唐玄宗亦
取其語以入孝經序此真孔子之書特以其亦有今文古文
之異遂致横議紛紛今文爲長孫氏江翁翼奉后蒼所受
但不知所出之由古文則云武帝末魯共王壞孔子宅得古
文尚書及禮記論語孝經皆蝌蚪書故曰古文而隋經籍
志又云孝經河間人顔芝所藏漢初芝子貞出之又有古
文孝經與古文尚書同出孔安國爲傳劉向以顔本比古文
除其煩惑而安國之本亡于梁至隋秘書監王邵訪得孔
傳河間劉炫因序其得喪講于人間漸聞朝廷而後之

儒者遂疑為炫偽作然炫所講授者孝經之註非經文也若其經文則古文與今文所畧異者不過分章多寡一二處字間增减稍殊耳豈有作如是之偽書以欺世者至朱熹吳澄疑古文為偽各有改本熹本古文而澄本今文皆取孝經章句而刪削之移易之自是後之學者因以偽古文尚書者並偽古文孝經而不自知其識之淺而見之陋也孔子能言夏殷之禮而惟周是從然未嘗著有禮經惟禮記舊謂孔子詔七十子、共撰所聞以為記。中間雜以他儒。如荀卿公孫尼子諸篇。合以成書。大約不出春秋戰國之間。按漢前志云記百三十一篇後漢儒林有鄭玄所註四十九篇之目與今禮記篇数相合然不言所自出儀禮則託孺悲以作士喪禮託子夏以為喪服傳亦不過戰國人所為倚附七十子之徒以傳于世至漢初魯高堂生傳士禮十七篇東海孟卿以授后蒼后蒼受禮居于未央前之曲臺殿校書著記約数萬言因名其書為后氏曲臺記至孝文時魯有徐生善為頌以儀容為禮官大夫故又名習禮之處為容臺此皆以儀禮為名者其後后蒼授之梁人戴德及德從兄子聖與沛人慶普至孝宣時立大小戴慶氏禮三

以儀礼為偽託此大不可

家之學皆有傳士而宋鄭樵作三禮辨以高堂生所傳
士禮十七篇為儀礼后蒼曲臺記數萬言為禮記朱熹極
遵其說至今遂以禮記為戴記然前後漢志及儒林傳
並無禮記一書二戴之學皆儀禮也若周禮不特非周公所作
並非孔孟以前之書此與儀禮禮記皆同時雜出于周秦之
間乃或有疑為劉歆偽作者然景十三王傳云獻王所獻
皆古文先秦舊書周官尚書禮記孟子老子之屬皆經
傳說記則此書出武帝之朝為河間獻王所獻至成帝
朝劉向奉詔校理秘書始發周禮古文尚書左氏春秋諸

此却明白

齊禊衆
亨溪亨

書編為七録至劉歆繼向校書始移文博士欲以周官左傳及古文尚書毛詩並立學官其非歆偽作明甚宋朱熹分三禮經傳欲以儀禮為經周禮禮記為傳而黄幹吳澄輩續成之然俱非孔氏之書不妨並行以備參考而欲過分軒輊亦拘迂之見也古者採詩藏之太史商周之際篇什浩煩孔子取而定為三百十一篇以教弟子故嘗曰詩三百誦詩三百蓋夫子之于詩如是其嚴且重也秦火之後禁人偶語至漢而魯國毛亨作故訓傳以授趙國毛萇時人稱大小毛公然其所由來則得之趙人荀卿逆溯于根牟子

孟仲子李克曾申以及卜氏子夏子夏則親見聖人者總其刪述之旨為之序論雖其說不一或以為孔子所作或以為衛宏所著或以為國史所定然大約出于毛萇之所傳故齊魯韓三家之學皆廢而毛氏至今獨傳即鄭箋孔疏未有能易毛氏之說者至宋（朱）子始以小序為不可信。自為詩傳一改小序之言。而以其意釋之。指鄭衛兩詩皆為淫風。然猶未敢議及于詩也。至王柏欲彌縫朱氏。乃以為今之三百篇。非盡夫子之三百篇。必秦火之餘。漢儒以世俗所流傳者。取以足夫子三百之數。不然。經書所傳諸逸詩。何以皆不與。

而孔子已放之鄭聲。何以猶存而不削耶。後人祖述其說。遂亦多傳道之。此則又朱氏之罪人也。夫詩雖經秦火、然民間授受未嘗或絶。漢儒申公在高帝之時、與楚元王同受詩齊人浮丘生、本周秦間經師、而申公授免中徐公及許生、徐公與許生、又授之東平王式、王式為昌邑王傅、所謂臣以三百五篇諫者、是直受之周秦間者也。雖此後轅固韓嬰各有師說、分之為齊魯韓三家之學、而此三百五篇則並無異同、毛氏雖出稍後、然溯其源流得之卜子夏、亦未嘗于三百五篇之外有一或差、而乃謂漢儒取世俗流傳。以足其數。則豈有諸家之文不謀而合若是哉。至于素絢棠棣翹首繼奈諸詩。或存數句。或存篇名。然其全文在當時已不盡傳。而何以得與于三百之數。若謂夫子已放之鄭聲獨存不削。則誣經愈甚。夫子所欲放者鄭聲。非鄭詩也。鄭聲本淫。即使雅頌而以鄭聲歌之。亦未免于淫。豈必其即為淫詩。且春秋諸大夫最重賦詩。而鄭大夫多賦鄭詩。所謂賦不出鄭志者。奈何本國名卿。肯自取其淫者以貺客耶。本欲助朱氏以攻鄭詩。又恐得罪于孔子。乃并謂鄭詩非孔子所存。欲以為孔子解。孔子不受也。以鄭詩為淫詩者。朱氏之誤。非

陸壽祺案：方氏駁正王氏疑三百篇非孔子之舊之說甚正，乃於儀禮一經反蹈王氏之失，何也？明於此而暗于彼，殆不可解。

孔氏之詩也。詩與樂相表裏夫子删詩史記以爲皆絃歌之
以求合韶武雅頌之音禮樂自此可得而述以備王道則正樂
當在删詩之後然古樂不傳所謂洋洋盈耳者不可得而
聞也所謂雅頌各得其所者不可得而見也雖藝文志有
樂經然孝文時樂人竇公所獻則周官大宗伯之樂章也武
帝時河間獻王所作樂記二十四卷至成帝時常山王禹獻
之則亦采周官及諸子言樂事者彙以成書也劉向校書得
樂記二十三篇與禹不同則古樂記也皆非孔子所正之樂
然今亦俱不可考則古樂真不可復興矣夫子雅言詩書

執禮獨不及易而晚年讀易至于韋編三絕則易為夫子
獨得之妙非群弟子所能贊可知也夫子贊易作十翼以
上彖下彖上象下象上繫下繫文言說卦序卦雜卦為十
篇漢田何易原離二經與十翼為十二篇至東萊費直始
合十翼附之經以代章句其後鄭玄傚馬融周禮註例
就經列註復分彖象諸傳附之經下令上下經是也特彖
象原文王演易所名乃子彖象則舊加傳字別之謂之
彖傳象傳在魏晉以前不知何時又脫去傳字專以彖象
屬之孔子而又以卦象傳為大象爻象傳為小象文言

亦孔子所作以為繹文王所言故名文言梁武帝以為文王
所作宋人偽造古易謂王輔嗣取文言以附乾坤二卦因加
文言二字以别之皆非也上繫下繫者從繹彖繹象後
專繹周文當日作易屬辭之意故曰繫辭第繫辭本
屬文王事至孔子繫辭亦加傳字别之如王肅本李鼎祚
本皆作繫辭上傳繫辭下傳惟史記引易繫辭改作易
大傳蓋史遷受易楊何何自為傳故特加大傳以别之説卦
傳自秦火後漢初易亡説卦三篇至宣帝時河内女子伐
老屋得之隋經籍志所載亦然但其云三篇今祗一篇

此說及後
駁王柏
皆正

或云合序卦雜卦為三。或云其二已亡。大抵是篇初釋繫辭，其後分說諸卦，故以說卦名篇。而宋儒歐陽修輩疑為非夫子之書。則亦可謂侮聖言矣。序卦分上下篇，明上下經之卦序。雜卦錯雜成文，多以反對立說。十翼雖分合不同，要皆夫子親筆。與門人無預。或乃獨以大象為夫子之筆，其餘皆門人得夫子之說，以未盡之意足成其書，及自解其故，別無所見。祗以象傳句多重複，繫辭或用子曰，或不用子曰，王柏以為與子思作中庸同體，文言不以子曰起文者，意便不及，種種疵議。言之累幅。然不知夫子贊易，理微道大，所謂說者、門人得而聞之、而所謂意者、門人焉從而窺之也。象傳釋象意盡而止、所謂修詞立其誠者、雖有重複、豈遂聖人才盡耶、繫辭或用子曰、或不用子曰、古人行文、隨筆所到、各加分別、以為起、止之詞、繫辭之子曰者、即如象傳象傳之象曰、象曰也。司馬遷史記、亦或用太史公曰、或不用太史公曰、亦將以史記為司馬遷門人代述其意、可耶、擬之宋元儒者好自用聰明、事不師古、如周易之純粹精微、尚欲曲加疵議、毋怪乎偽書淫詩之說浸淫其詞而不可挽也

子曰詩三百一言以蔽之曰思無邪

夫子明言詩三百、並未加有學字論字在上、即大註凡詩之言善者惡者、亦只是就詩言詩、乃小註或問、有欲讀詩者思無邪之語、蓋朱子不信小序改衛鄭諸詩為淫奔、故以作詩者未免有邪、思無邪一語、為教人讀詩者發、所以申明大註中其用歸于使人得其性情之正意、不知聖言明白簡易、正以思無邪蔽之詩三百、未嘗于詩之外別生蛇足也、凡詩之言惡者、皆是刺惡、作詩之人思本無邪、若以惡人之詩、而聖人錄之、豈是教人以邪矣、聖人刪詩立教、

必不自相矛盾、以衛鄭諸詩爲淫奔者、朱子之詩非夫子之詩也、竟以思無邪言詩、而以教人讀詩之意、末後一喚方是此節書真面目、

其愚不可及也

甯武子本是智人、所以謂之愚者、以邦無道時、不避艱險、是其愚此處、然即以衛成之事論、如士榮鍼莊子輩、亦自有人、何以獨稱甯子武、則以殺身者諸人之愚、而能保身濟君者、乃是甯子之愚、究之甯子之盡心竭力、本欲圖保身濟君、愚中自有作用、故註中特加而能卒保三字、正所謂有志者事竟成、非僥倖于萬一也、合盡心竭力至保身濟君數句、方見得武子之愚、至不可及、則是贊語、不重、舊說以盡心竭力四句屬愚、以保身濟君句屬不可及、分作兩截、固非語氣、新說单重盡心竭力、不必說及保身濟君、如殺身成仁之意、夫身既殺矣、君既亡矣、是真愚矣、士榮鍼莊子之徒也、聖人何取焉、此等說最背理者、斷不可從、

○

默而識之學而不厭誨人不倦

此節書中註明云、三者、近説有以默識串下、作一頭兩脚者、此大悖謬也、識是識學是學、書中有以學識並言者如多學而識、小子何莫學夫詩、多識鳥獸草木之名等語、皆以學而識、非以識而學也、今識曰默識、則重在默、默而識者、非如禪家之參究、詞家之強記也、此默字當與易之默而成之、書之恭默思道意同、解識字字義、雖改解作記憶、然亦有拳拳服膺心勿忘之意、詳味默識兩字、與下學不厭誨不倦對舉、直是涵泳從容潛孚微契光景、且之字必有所指既非懸空、亦非粗淺、大約如中庸之所謂尊德性、大學之所謂誠正心之功〻、若問學則有考究實踐知行等事、識字深密、學字切實、各有功夫、中庸所謂道問學、大學之所謂格致之功也、而謂學〻學其所識、則亦思所識者何事、識而貴於默者又何故、既識矣又須學焉、豈識時全是鹵莽至學乃始有得耶、有謂此節書不宜說得太深者、皆為註中三者已非聖人之極至句所誤、不知聖人必不作誑語、曰何有于我、雖是聖人望道未見之心、然此三事、實〻非聖人不能、以公西華及子貢之言參之可見、而少曰非聖人

壽祺案此
小説不足據

之極至吾不知聖人之極至又何苛事也、
衡波傳云孔子相魯齊人懼而欲敗其政選齊國好女八十人
皆衣文衣而舞容璣季桓子語魯君爲周道游館孔子乃行
覩雉之飛鳴歎曰山梁雌雉時哉時哉色斯舉矣翔而後
集因爲雉噫之歌曰彼婦之口可以出奏彼婦之謁可以
死北優哉游哉聊以卒歲揚子五百篇論孔子用女樂
去魯曰不聽政諫不用雉噫蓋指此也是論語所記皆
孔子語一爲顛倒其意尤明

能盡其性則能盡人之性能盡人之性則能盡物之

性

盡物之性、亦兼知明處當、知明如知馬可乘牛可耕五谷可養人之類、處當如服牛乘馬、高下燥濕之隨其土宜之類、若樽節釣弋等語、只算得用物取物之道、不得爲盡物之性、至相生相尅之外五行家言、更于物性無涉、

孔子嘗爲委　一節

此題全在兩嘗爲兩曰兩而已等字描寫、方得引孔子以証爲貧而仕的樣子、若就孔子作感慨語、或作賛嘆語、皆非神理、

嘗讀班史以儒林循吏分傳政治經術兩
不相謀殆未為通論也夫明經以請世務
良牧必推大儒其淹原合今於
先生而廼信之　先生鍾七閩山川之秀自幼
警敏早歲擢巍科聲價不脛而走筮仕蕭
山渡移瀫水氷檗惠政兩縣口碑如一未

幾因賑飢缺節暫爾解組以俟代餘暇博極羣書著有毛詩周易考異先聖諸賢事蹟攷數卷取漢唐以來并近代諸儒之說而折衷之旁引曲證糾弊訂譌有功後學匪淺人皆以先生之才不獲大用為惜然使先生驟躋廟廊何暇握槧為老生宿儒之

事使數千百年之疑
不朽也哉是人皆為
學幸也況　先生蘊
測其所至吳詒
凡例合而為一矣
後學

《國家圖書館藏未刊稿叢書》總目

日記編

書札編

金石題跋編

國家圖書館未刊石刻題跋輯録　盧芳玉 整理

小蓬萊閣金石目　（清）黄　易 著　盧芳玉 整理

題贊手卷編

明渤海孫氏積善堂題贊手卷　田曉春 整理

中法漢學研究所編

燕京傳薪録

——中法漢學研究所未刊稿研究

孫　俊　程天舒　林世田等 編著

著作編

周易注疏校勘記（全二冊）（清）阮　元 總纂

讀相臺五經隨筆（全二冊）（清）周廣業 著

經義述聞（全九冊）（清）王引之 著

經義考異　（清）方　邁 著

國語解訂譌（外三種）

國語解訂譌　（清）孔繼涵　孔廣栻 輯校

白虎通義校稿　（清）吴　騫 輯

古小學書鉤沈　（清）陳　鱣 輯

聲系　（清）陳　鱣 著

説文解字考異（全五冊）（清）姚文田 輯

四庫全書表注（全二冊）（清）李文田 著

登樓雜記（全三冊）（清）錢　泳 著

蛾術編（全十冊）（清）王鳴盛 著

籀鄦簃雜著（全三冊）（清）王仁俊 著